ちくま新書

# 中学受験の落とし穴

——受験する前に知っておきたいこと

成田奈緒子
Narita Naoko

1796

# はじめに

私はかつて『高学歴親という病』（講談社＋α新書）で、学歴を非常に重要視する大卒以上の親御さんによる「心配しすぎる子育て」の問題点について、発達脳科学、小児科学を研究してきた視点から指摘をしました。ありがたいことに多くの方に読まれて大きな反響もいただきました。

高学歴で社会的にも成功している自身の成功体験をもとに、子どもも同じように育ってほしいと思うあまり過干渉や先回りをして、子どもが自立、自走して社会に出ていくのが子育ての本来の目標のはずなのに、逆方向の落とし穴にはまってしまう。脳の発達を学んだ私からすると、「心配」という免罪符を掲げて、子どもたちをどんどん「思考」の発達から遠ざけているように見えます。

高学歴・高収入の親御さんに顕著なのが我が子の早期教育に熱心なことですが、近年東京都をはじめ首都圏で過熱している中学受験戦争も関係しているのではないかと見ています。

このような親御さんたちの理想はきっと、お子さんがレベルの高い中学高校へ進み、休まず元気に登校し、そのまま高い偏差値の大学へ進学して、名の知れた企業に就職することこそが、子育ての〝成功〟というものでしょう。ところが中学受験で失敗したり、志望校に合格してもうまく学校になじめずに不登校になったりすることは決して珍しいことではありません。

にもかかわらず「こんなにお金と時間をかけたのに、なぜ？」と、どこかでつまずいてしまった我が子を自分の尺度に当てはめ、勝手にがっかりしてしまう親御さんが増えているように感じます。ここ数年、私の運営する子育て支援事業「子育て科学アクシス」への相談が確実に増えているのです。

皆さんは江戸時代の子どもたちがどんなふうに勉強していたか、ご存じでしょうか。当時、日本は世界でも有数の高い識字率を誇る国でした。江戸市中に少なくとも３０００か所以上あったと言われる寺子屋（手習所）の教室では、子どもたちが天神机と呼ばれる小さな文机を思い思いの向きに置き、習熟度に合った学習を個々に進めている様子が当時の絵画に描かれています。師匠は机の間を回りながら、それぞれの学習程度に合わせた指導をしていました。子どもが学校に合わせるのではなく、先生が子ども一人ひとりに合わせていたのです。

明治維新以降はこのスタイルの学習は影を潜め、皆さんがよくご存じのような、教室に同じ向きと間隔で並べた机に行儀よく座って一斉に受ける授業が主流になりました。そこでは自然に学力競争が生まれ、子どもたちは純粋に上を目指して切磋琢磨《せっさたくま》するようになります。優秀な成績はダイレクトに豊かな生活＝幸せにつながる、と刷り込まれる一斉教育は、間違いなく戦後の混乱期から日本人を驚異的な速度で復興させた原動力になったと考えられます。

この昭和の「成功体験」があったからこそ、日本は今、空前の中学受験戦争大国になっているのではないかなと私は思います。小さいときから競争意識を植え付けて、少しでも偏差値の高い学校に子どもを入れてあげることが、たぶんきっと、いや絶対彼らの幸せにつながる、と親たちが考えているからこそ、小学校低学年から厳しいノルマを課す塾に子どもを通わせ、クラス編成のトップに上りつめることを目指させるのではないかと思うのです。

でもそれがまさに「昭和の考え方」であるということに、今からの親御さんたちには気づいてほしいなと思います。今、時代は大きく変わってきています。我が国の経済力の衰退。終身雇用制度の揺らぎ。かつてない日本人の長寿化。震災やコロナ禍やそれに伴う働き方の多様性への変化。男女格差の是正。不登校や引きこもりの急激な増加。そして子どもたちの嗜好性《しこうせい》の圧倒的な変化。これらから学び取れるのは、必ずしも既成の概念に基づく金銭的・物質的な尺度だけでは人間の豊かさを測れない、ということ。そして、子どもの個性は本当に多様であることを親が理解しなければならないということ。その上で、中学受験という手段の選択について真剣に考えなければならないこと。

ここで断っておきたいのは、私は決して「中学受験反対論者」ではないということです。多様な建学の精神を持つ私立校は、かつて江戸時代に鎖国の中で作り上げた日本独自の高レベルの教育体系の系譜をある意味継ぐものでもあります。むしろ、これからの時代の中で我が子の個性を伸ばしたいと思ったときに、全国一律の教育体系で進める公教育と比較検討するための、一つの選択肢に置くことも重要だと思います。私立校を選択するならば、当然中学受験は必須になります。

しかし、ここで問題になるのは、中学受験のためのあまりにも年少期からの塾通いと詰め込み教育の過熱化現象です。私自身も、そして私の娘も私立中高一貫校卒ですので、中学受験を経験しています。ただし、私も娘も塾通いは一切していません。特に娘が中学受験をする時期には、すでに多くの進学塾が小学校3年生からの入塾を勧め、毎週試験を受けさせてその成績でクラスや席順が変わるような指導方法が「当たり前」になっていました。その環境の中でも、我が家ではあくまで「自分の実力と個性に見合った学校を自分の実力で受ける」ことが大前提だったので、娘は最後まで自宅学習のみで受験しました。合格しなくても必ず公立の中学校には進学できるのだから、と親子ともどども安心して取り組みました。

私たち親は、中学受験のための塾通いが子どもの脳の発達に害悪になる可能性があるということをよく知っていたのです。ですから、目の前で煽《あお》ってくる受験産業の言葉には一切耳を傾けませんでした。十分な睡眠時間を確保し、毎朝しっかりお腹をすかせて朝ごはんを食べる、笑顔にあふれてイキイキ活発に活動できる脳を保っていくことこそが、小学生の子どもの脳の育ちにとって一番大切なことであることは、発達を科学的に学んだ者からすれば常識です。だから、ほかの子どもよりも模擬試験で高い得点を取ることよりも、偏差値の高い学校への合格可能性ランクを上げることよりも、子どもの思春期、成人期以降の幸せのために「寝かせること」を子育ての第一選択にしました。今、娘を使った壮大な人体実験を経て(笑)、その選択は全く間違っていなかったと確信しています。

先ほども言及しましたが、私が主宰する「子育て科学アクシス」(以下、アクシス)には悩みを抱えた多くの中学受験経験親子が来られます。関わりの中で改善していくのは例外なく、「寝ること・食べること・からだを動かすこと」がしっかりできる脳を取り戻した方たちです。この基本的な生活習慣を中心に、家庭生活を立て直すことによって、心身の健康が維持できます。その好循環を促すことによって、親子関係も改善し、さらに子どもが自ら思考し、将来を見据え、自走して学習するようになるのです。本書で紹介する方法はお金も時間もかかりません。家庭生活をしっかりと意識して行うことだけです。

脳をよい状態に保つには、生活習慣が何よりも大事です。生活リズムを整え、生きるために必要な脳の土台を育ててほしいです。そして、家庭というもっとも小さな社会において、その一員であることの自覚と自信を持たせてあげてください。

本書が皆さんにとって、子どものより良い学習環境を確保し、かつ一生涯の幸せを保証できる家庭生活確立の手引きになれることを願っています。

成田奈緒子

本書で紹介する事例は、ご相談者を特定できるような情報については配慮し、内容に影響を与えない範囲で変更しております。

# 中学受験の落とし穴——受験する前に知っておきたいこと【目次】

編集協力＝髙松夕佳
イラストレーション＝豊岡絵理子
写真撮影＝佐渡多真子

第 1 章

# 受験で壊れる子どもたち

## †受験で失敗しても人生終わりじゃない

「はじめに」でも触れたように、最近、東京都をはじめ首都圏で中学受験戦争が過熱しているようです。そのためか、ここ数年で私の運営するアクシスに相談に来られる親子が確実に増えています。中学受験が原因で子どもの心が折れている、親子関係が壊れている、というケースが増えているのです。中学受験をめぐる状況のリアルは、終章で、長年取材をされてきた教育ジャーナリストの中曽根陽子さんに詳しくお聞きしたいと思います。

アクシスに相談に来られるケースとしては、例えば偏差値の高い中学校を受験し、ギリギリ引っかかって入れたけれど、入学後の学業についていくのがしんどくなり、やる気を失って荒れてしまう子が多いように感じます。逆に、問題を解く能力は高くて、学力的には余裕を持って入学したけれど、人間関係をうまく構築していく力がまったく養われておらず、友達とのつきあいにストレスがかかり、身体症状が出てしまう子もいます。また、第一志望に落ち、偏差値から塾に勧められた第二志望以降の学校に仕方なく入ったものの、そこが自分の性格ややりたいことと合わずに苦しくなる子も。

「合格する」「入る」ことが受験のゴールと勘違いしている親御さんがとても多いと感じます。でも、受験で失敗したり、合格してもうまく学校に馴染めずに不登校になったりすることは、決して珍しいことではありません。

もちろん、入ってみたら自分と合わない学校だった、という苦しさは、地元の公立学校に行った子でも、経験することはあるでしょう。もしも学校が合わなかったときに、どう向き合っていくか、対処するか。長い人生、様々な経験をするはずですが、そのひとつとして、本人の自主性を引き出すために、それだって成長のチャンスかもしれないのですから、親はドンと構えてサポートしていきたいものです。

また、中学受験で全落ちという結果に終わり、公立中学に進学した子が、受験で抱えたストレスをクラスメイトに向けてしまい、いじめなどのトラブルを起こすというのも、受験人口が多い東京ではよく聞く話です。なまじ受験勉強をしていて頭が働くから、先生に見つからないように陰で傷つく言葉を投げるのがうまかったりする。だからこそ親御さんは必死になって、我が子を私学に入れようとする、という悪循環が起きてしまうのです。

全落ちだったとしても、当たり前ですが人生終わりではありません。さあ、それを受けてどう立て直していこうか、高校受験にその経験が生かせないかな?……などと、失敗したからこそどうするか、という姿勢を子どもに伝えることが大事です。人生で待ち受けている幾多の失敗の練習にすぎない、と。親はどっしりと構え、受験の失敗くらいであなたの価値は変わらない、あなたはあなたのままで生きていけばいい、その場所は私学じゃなくてもいい、ということを伝えれば、子ども自身は失敗をストレスではなく成長のバネに変えることができます。進学先でトラブルを起こすこともないでしょう。

### †「失敗」をどう捉えるか

失敗は人生の終わりではない、糧《かて》なのだ、という考え方をぜひお子さんに伝えてほしいと思います。失敗は、脳の発達の観点からもとても重要なファクターです。受験は多くの場合一発勝負ですから、失敗する可能性は誰にでもあります。問題は、その「失敗」をどう捉えるかです。

まずは、失敗はあり得るのだと認識しておくこと。十分に準備し、努力を重ねれば合格するかもしれないけれど、学力が足りなければ落ちるのだという認識が最初から頭と心に入っていれば、合格できなくてもある程度の納得ができます。落ちた瞬間、「ああ、あの学校の問題と自分の学力や思考は合っていなかったんだな」「努力が足りなかったんだな」と思えることが大事なのです。そこで悔しさを感じたら、中学受験ならば、次のチャンスである高校受験に失敗を生かせばいい。

失敗は繰り返さないようにしようと本人が自覚し、実際に努力を重ねることができれば、その後にプラスに働くことになります。つまり、中学受験は決して「失敗」でも「無駄」でもなく、次へのステップとして大きな効果があったことになる。失敗を繰り返し、それを防ぐ方法を自ら考えて行動に移し、成功することで正しい論理を会得していくことは、子どもの脳を育てます。若いときは失敗のリスクが高いくらいの挑戦をするほうが、伸びるのです。

大事なのは、失敗した場合に「失敗したから自分はダメなんだ」で終わらせないこと。親はこの点をよく心得ておいて、子どもにこう思わせないための声かけを全力で考えていただきたいです。

### †かけた力とコストで親が落ち込まない

親御さんだって、我が子の傷口に塩を塗るようなことはしたくないし、するつもりはないはずです。それなのに、お母さん自身が「落ち込んでしまって、どうしても立ち直れません」と涙声でおっしゃるケースがとても多い。受験に失敗したのは子どもなのに、お母さんのほうがこの世の終わりのような顔をしている。そんな状態では、いくら口で「頑張ったからいいんだよ」と言っていても子どもに親の落ち込みが伝わるし、「ああ、お母さんを落ち込ませてしまった」と、二重にストレスを背負ってしまいます。

親御さんがそこまで落ち込んでしまうのには、いくつか理由があります。

まずは子どもの中学受験を自分の勝負だと親が思っているということ。塾の先生から「子どもの受験は、親であるあなたが頑張らなくちゃいけないんですよ」などと言われ続けて、そうした意識が刷り込まれてしまうのでしょう。地元の公立には行かせたくない、絶対に私学に通わせたい、と塾に通わせて親も注力してきたわけですから、「あんなに頑張ってきたのに負けてしまった」と敗北感を募らせてしまうのです。

利害が絡むことも大きな要因です。早い子は小学校低学年から、典型例としては3年生の終わりから数年間中学受験用の塾に通わせて、それなりの金額をつぎ込んでいる。また、そういう塾は学年が上がるごとに月謝が上がったり、テストだ講習だとかかる金額が増えていくのだそうです。偏差値の高い学校を目指すコースでは、桁違いの金額になるとか。通い始める3年生の時点はそこまで高くないので、これくらいなら、と学童代わりの感覚で入れたら、どんどん金額が上がっていく。そこまでお金をかけたのに志望校に入れないと、ショックを受けてしまうのです。

親がどんなに力を入れても、受験するのは子どもです。試験当日にお腹が痛くなることだってあるし、たまたま苦手な問題が出るかもしれない。何が起きるかわからないので、失敗は十分あり得るのに、口では責めていないと言いながら、全身で子どもを責めているような親御さんが、アクシスに相談にいらっしゃいます。子どもが荒れてしまうのも仕方がありません。親に暴力を振るう子もいれば、口をきかなくなる子もいます。

子どもの受験のためにかけられるお金の限度額は、あらかじめ決めておくことです。コストパフォーマンス意識を持たない限り、中学受験は、際限なく費用が膨らんでいくからです。このことは、高学年くらいになったら子どもにも伝えて共有しておくのも良いでしょう。お金は湯水のように際限なく使えるものではないという経済感覚が身につきます。

中学受験というのは、その性質上、資金的に余裕のある家庭が選ぶものです。私立中学に通うためには、平均で年間およそ100万円程度の学費がかかります。中高一貫の場合はトータルで600万円。その金額をひねり出せる程度の年収がないと、難しい。たとえば大学の医学部には、将来医者になって稼ぐ年収を見込んでローンを組んで行かせているご家庭もありますが、中学受験の場合、そういう形では絶対に戻ってきません。

また、先ほども触れましたが、受験対策塾の月謝も相当なものになります。聞くところでは、年間200万円以上かかるところもあるとか。そこまで金額をかけると、受からなかったときにどうしても後悔することになってしまう。よほどの資産家はともかく、後悔したくないのなら、かけるべきお金なのかどうか、充分に吟味すべきでしょう。

もちろん、中学受験にもよい面はたくさんありますし、視野を広く持って探せば、その子に合ったよい学校はいくらでも見つかります。オープンキャンパスを含む、事前の学校見学も重要です。学校選びもお金のかけ方も受験勉強も、無理せずに自分たちに合った方法で進めることができ、「ここだ」と思える学校に無理なく入ることができれば、一番幸せだと思います。

あるお母さんからは、こんないい話を聞きました。その方のお嬢さんは塾では学力別で一番下のクラスにいたのですが、先生が頑張りをよく見てくれていて、彼女にぴったりの学校を見つけてくれたというのです。「だから私は塾に感謝しているんです」と。

受験対策塾では小テストの度に学力別にクラス替えをして子どもの競争心を煽《あお》ったり、その結果に親子で一喜一憂したりするといった話もよく聞きます。でもこのケースのお母さんは、娘が下のクラスにいても焦ることなく「自分のペースで勉強したらいい」というスタンスでしたし、娘さん本人も「私はここでいいんだ」と落ち着いて勉強に取り組んでいた。おかげで彼女は健康を害することなく、無理なく希望の中学校に進学できたようです。そういう例もあります。

## †子どもが「目ざめる」タイミングはそれぞれ

中学受験で失敗しても、その子の人生が狂うとか、ダメになるということは決してありません。地元の公立の中学校や高校に進んで、お金もかからず、子どもへの過度のプレッシャーもかからず、自ら目ざめて勉強し始めるケースもあるのです。そういうことも想定して、我が子には受験をさせるかどうか、考えてほしいものです。受験にかけたお金を、親自身の自己充実のために使い、余裕をもって子どもを見守るほうが良い場合もあります。

ある子は、小学3年生から塾に通い始め、5年生からは週4回、夜遅くまで授業を受けるコースに入った。これだけでも課金量はグッと上がりますが、さらに自宅では勉強しないからと、土曜、日曜の日中は有料自習室を勧められて、そこにも通わせた。遠方なので、親が必ず送り迎えをして。そこまでやって、ある私立中学には入ったものの、入学後に自主的に勉強に向かうことがなかったそうです。

その子はその後、自分では行きたい大学を決められず、やはりお母さんの意向で専門職に就くための大学を受験させられ、入ったものの、半年ほどで嫌になって退学してしまいました。大学を自分の意思でやめて以降、自意識が芽生えたのか専門学校に入り直し、現在では、得意な接客を生かした仕事を生き生きとしています。偏差値や受験に振り回されたケースのように見えますが、最終的に自分のやりたいことにたどり着けて良かったと思います。この例のように、本人の「こころの脳」（第2章で後述）が育ち、「母のコントロール下にいてはいけない」とハッと気づいたときから、自分の人生を模索すればそれでいいのです。

## †親が持つべき軸

子どもが自分の人生の軸をしっかり作っていくためには、まず親がしっかりとした軸を持つことが大切です。親が、偏差値などのランキングや自分のかけた時間やお金といった目先のことに惑わされていては、子どもも自分の軸を作ることができません。

親が持つべき最も重要な軸は、子どもを健やかに生かしておくということです。これだけは譲れません。我が子が誕生した時から変わらない不動の軸のはずです。ですから子どもの健康が損なわれたり、心が塞《ふさ》がったりするようなことは何が何でも排除すべきです。

中学受験をすることを決めて、子どもが受験勉強を頑張っているとしましょう。たとえばその途中で、子どもに自分の手足を傷つけるような自傷行為の痕《あと》があったり、脱毛でハゲがみられるというような兆候が出てきたら、これは「子どもを健やかに生かしておく」という親として絶対守らなければならない軸に抵触します。

そこまでは至らなくとも、子どもに「顔が青白い」「脈が速い」「呼吸が浅い」といった症状が見られたら、要注意です。こうした身体症状が出る原因のほとんどは、心的ストレスです。塾に通わせ、受験というプレッシャーを与えているからだと気づけば、すぐに塾はやめさせられるはず。「いつもと違う」「調子が悪そう」「食欲がない」といった兆候が見られたら、我が子にストレスを与えているその原因を考えて、取り除いてほしい。それなのに、爪を嚙みながら、髪の毛が抜けながらでも塾に通っている子が、たくさんいるのです。手がブルブル震えて字が書けなくても、塾はやめさせないような親御さんもいます。

アクシスに相談に来て塾をやめた子が数人いるのですが、彼らは塾をやめた途端、身体症状がピタッと止まりました。毎朝下痢をしていたのが治り、朝どうしても起きられなかったのが、自ら起きてさっさと学校に行くようになり、食べられなかった朝ごはんをパクパク食べるようになった。

その小6の男の子は、そこから食べることに興味が湧いたのか、朝ごはんを自分で作ると言い出しました。インターネットで調べて、母も知らないレシピで美味しい料理を作ります。お母さんも、「すっかり変わりました。子どもはこんなに生き生きと過ごすことができるのに、あんな状態にさせてまで受験なんてさせる必要はなかった」と喜んでいます。料理の知識が増えていけば、そこから理科や栄養に対する興味関心へと広がっていくこともあるでしょう。また、夕ご飯づくりも任せられるのなら、家族も大助かりです。子どもが自分の役割に手ごたえを感じられることほど良い脳育ての機会はありません。脳の発達からしても、良いことばかりです。

親なら誰しも、子どもには健やかでいてほしいと思っています。早死にしてほしくないし、健康でいてほしい。その軸を持っていない親は、いないはずなのです。それなのに、中学受験となると目が曇ってしまう親がたくさんいる。本当に不思議です。

### †からだの悲鳴を正しく察知する

例えばこんなおかしなことを言うお母さんもいます。子どもがストレスで頻尿になっているのに、「こういうプレッシャーに立ち向かう強い心を養っておかなければ、大人になったときこの子が困る。だからここで頑張らせなければいけない」と。子どもが身体症状でサインを出したとき、そこでやめさせるのは甘えだと言うのです。もっともらしく聞こえますが、明らかに間違っています。

小学校6年生で、自分のからだがどんなにSOSを出していても必死に頑張るのが大事なのだ、と刷り込まれてしまうと、大人になって入った会社がブラック企業だったとき、心身を酷使するほど働かせられて自分を追い込んでしまうことになりかねません。

大人の私でさえ、少し体調が悪いなと思ったら、さっさと休みます。休めるところは休んで、からだを労《いたわ》らないと日々の生活が続きません。人間として生きていく上で、体調や生活時間を自己管理できるようになることが何より一番大切です。自分のからだの悲鳴を素早く察知し、メンテナンスしなければ生き延びられません。

もっとも、仕事の締め切りが迫っていて徹夜で頑張らなければならないような日も、ときにはあります。でもその日一日頑張って原稿が書けたら、翌日はとにかく早く寝て、からだを休める。そういう感覚がないと、翌日も翌々日も頑張り続け、結果的に心身を壊してしまうのです。

日本人は「自分を甘やかす」ことが嫌いですが、自分のからだを大切な用事のある日に一番良い状態に持っていくためにも、今日は甘やかしてあげよう、からだを大事にしようという感覚を、子どものうちから教えておく必要があると思います。体調管理のノウハウこそ、中学受験が終わっても、将来どんな職業に就いても、一生役に立つものです。

受験勉強を頑張りすぎて身体症状が出てしまったとしたら、その「感覚」を親として伝えるチャンスと捉えてほしい。そこで塾をやめることになっても、子どもは「こういうつらいときはやめてもいいんだな」「お母さん、お父さんは自分のことをちゃんと見てくれているんだな」と、親の愛情を含めて感じることができると思います。

まだ外見には症状が出ていなくても、「助けて、今日は調子が悪いよ」と言える家庭環境が子どもには必要ですが、それが許されない受験生が多いようです。身体症状が出ていても、「我慢しなさい」「頑張りなさい」と押さえ込む親御さんが多いし、子どものほうも親に言ったら怒られるとか、「また塾を休むの?」と嫌な顔をされると思うから、ヘルプを打ち明けることができず、我慢する。そういうことが続くうちに、自分のからだの声に耳を塞いで、ぶっ倒れるまでひたすら頑張るという、日本人にありがちな最悪のパターンが出来上がっていくのです。

もちろん、頑張ることもある程度は大切なことです。でも一方で、からだが「合わない」とサインを出しているときには早めに逃げて、別の環境に身を置くことも重要です。そうしたサインを察知する術（「感覚」）を学べるという意味では、中学受験を経験するのもよいかもしれません。自分はストレスがかかるとこんな症状が出るんだ、と自ら認知し、そこから脱する方法を学んでおく。そうすれば、中学・高校の思春期にもし不具合が出て、調子が悪くなったとしても、乗り切ることができるでしょう。

アクシスで接した子には不登校で長期に学校を休んでしまったけれど、相談を続けるうちに学校に戻れるようになった子がたくさんいます。夏休みになって「1学期どうだった？」と聞くと、ほとんどの子が「無理せず、休み休み行ってました」と答えます。それまでは、一度休むと必ず長期で休んでいたけれど、そうすると戻るハードルが非常に高くなってしまう。1日休んで翌日から学校に行き、また1週間後にしんどくなったから1日休む、というペースなら、クラスメイトから違和感を持たれることもないし、本人も負担なく登校できるというのです。自分のペースをつかめてきているな、頑張りすぎずに頑張っているな、と好ましく見守っています。

つらい日は休むけれど、行ける日は続けて登校できているから、成績も悪くない。そういうペースで通っている高校生で、定期テストで学年3番を取ってきた子もいるくらいです。少しくらいつまずいたって、十分挽回《ばんかい》はできるのです。

第２章

# 脳の育ちには順番がある

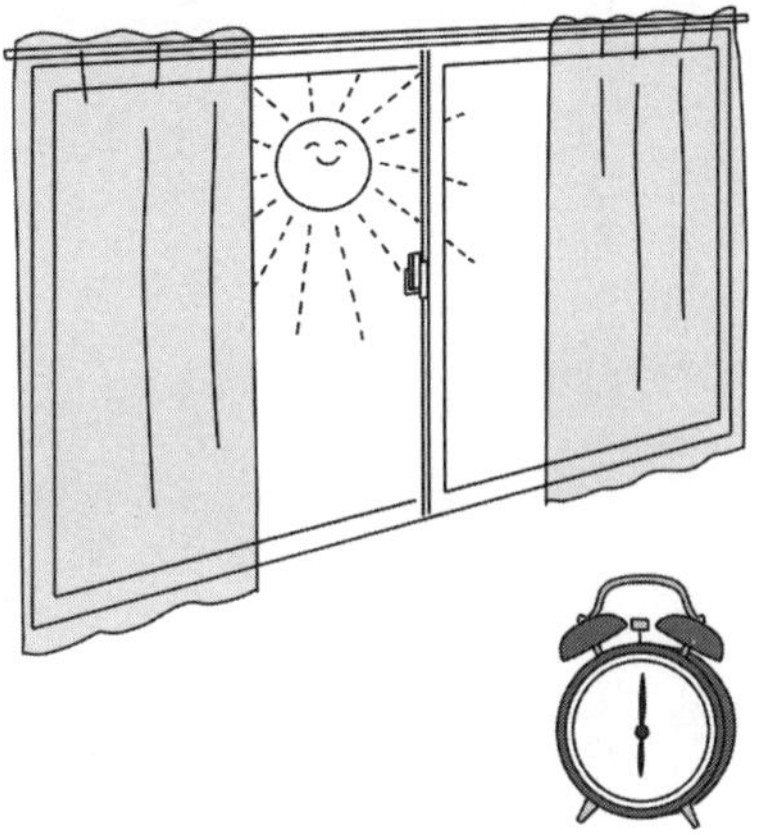

## †小学生の子どもの脳の発達段階

前章では中学受験でからだと心を壊してしまう子どもたちの例を見てきました。なぜそういうことが起きてしまうのか。この章では、学校に通う年齢の子どもの脳の育ちについて見ていきましょう。

中学受験を目指す子は小学3年生ごろから塾に行き始めますが、その年齢は「おりこうさんの脳」(大脳新皮質)が育っている段階です。「おりこうさんの脳」は、言語機能や微細運動、思考など、「脳」と聞くとまずイメージする働きを司ります。この時期には、できるだけ知識や情報、経験をたくさん入れることが大切です。4年生以降、「こころの脳」が育ってくると、それらの知識や経験を自ら統合して、「こういうことか」と納得したり、「こう考えるとうまくいくんだな」「ここはこうだから、こう行動したらいいな」と判断できるようになります。

「おりこうさんの脳」が育ちつつある小学3年生の子どもは、知識欲や好奇心、やってみたい気持ちが旺盛なので、「塾に行きたい」とか「塾の勉強、楽しい」と子ども

脳の発達の３種類

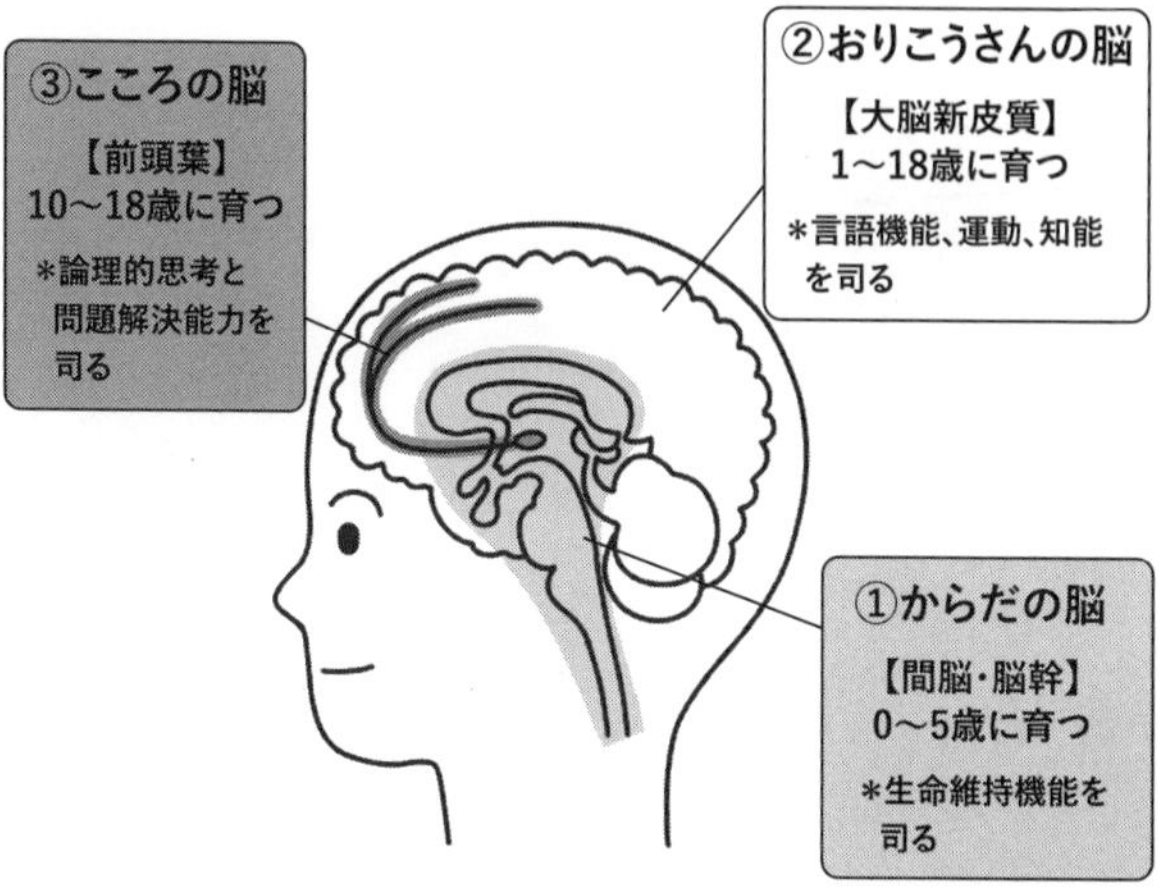


のほうから言ってくることもあるでしょう。親はそういう子どもの反応に便乗する形で塾に入れるのでしょうが、そこには実は落とし穴があります。

論理的思考と問題解決能力を司る「こころの脳」（前頭葉）は4年生以降に発達するため、本人が「中学受験をしたい」と言ったとしても、その意思が論理的に確立されているかどうかは不透明なのです。

特に男の子は「同級生より上のクラスに行きたい」といった競争意識をモチベーションにしていることが多く、ゲーム感覚で塾の勉強にのめり込んでいく場合も見受けられます。というのも、塾では、テストの得点や偏差値でクラス分けされ、上位クラスから下位クラスまで成績が「見える化」されてしまう。この仕組みが悪いほうに作用して一種のヒエラルキーを形成し、子ども同士のいじりやいじめのような状況が起きているといいます。

「お前、Yクラスに落ちたんだ。俺はXクラスだから、荷物持って」「お前、Zクラスのくせに態度でかい」というような会話が交わされ、いわゆるマウントの取り合いが行われているようです。こころの脳が未発達の段階でこのような環境におかれることは、脳育ての観点からはあまりよろしいとは言えません。競争に勝つことだけが幸せであるというような錯覚を子どもに与えることにもなりかねないからです。

小学5、6年生ともなれば、こころの脳が育ってきます。周囲の人たちとのかかわり合いの中で、自分が何を言うべきか／言うべきでないかが理解できる年齢なので、親はヒントを出しながら、相手に対して思いやりのある言葉の選び方を指導してやるといいでしょう。親子の対話についてはのちほど詳しく取り上げますが、できるだけロジカルな文脈で話をすることがポイントとなります。

ただし、こころの脳が育ってくると、自分なりの考えもしっかり持つようになります。頭ごなしに親の言い分を伝えて怒ったり、正論で押さえ込もうとすると、子どもは「自分にも考えがあるのに」と親への不信感を芽生えさせてしまうので、注意が必要です。相手の気持ちを想像できるように、うまく考えさせて、成長の機会にしてやることを意識してください。

### †勉強は、机の上だけじゃない

そして、この「こころの脳」は、机の上で学んだ知識だけでは正しく育ちません。人が何かを判断するときには、学校や塾で学んだ知識、本で読んだこと、実際に体験したこと、いろいろな場所に行って見たこと、人から聞いたことなど、さまざまな情報と刺激が脳の中で統合されています。

例えば、ゾウの大きさを学校で習ったとします。体長は何メートルで体重は何キロ、といった情報を本で読み、ゾウの大きさとして覚えることは簡単です。でも、ゾウが実際にオリを破って飛び出してきたとき、どんなことが起きるのかを考えてみよう、と言われたらどうでしょう。写真や文章だけで理解していた子と、動物園で実物を見て、こちらに向かってきたゾウの足の速さや匂いをリアルに体感した子とでは、導き出せる答えは自ずと違ってきます。

近年の教育では「探究」が重要なキーワードになっています。まさに思考力や想像力が求められ、生身で体感した経験をベースに、自ら問いを立て考える姿勢です。自分の脳内で知識や経験を総動員して処理することになりますが、これが苦手な子が多いと感じます。机にかじりついて勉強することを強いる受験勉強の影響もあるかもしれません。

土曜や日曜など、親御さんが休みの日に子どもとどう過ごしているかを聞くと、塾の模試や講習があって忙しく、生身で情報を体感したり、五感で触れたりするような場所に家族で出かけているご家庭は本当に少ない。これでは、思考力や想像力に富んだ脳が出来上がらないのも当然です。

小学校低学年の「おりこうさんの脳」が発達しつつある子どもは、知識欲が旺盛です。親御さんには、そうした知識を現実とリンクさせるような経験を考えてあげてほしいと思います。机に向かって学ぶより豊かな刺激を脳に与えられる貴重な機会です。

例えば、アクシスに来ていた不登校の子に、サメが大好きな男の子がいました。海の生物の本や図鑑を読みあさり、その分野に関してはものすごい量の知識を蓄えていて、楽しそうに語ってくれるのです。そこで親御さんはその子のサメ熱に乗っかって、博物館で行われていたサメの企画展に連れて行った。すると、本で読んでいた知識と、目の前の実物のサメの剝製《はくせい》が脳の中で合致して、目の輝きがみるみる変わり、「このサメの歯は抜けたそばからまた生えるんだ」と、身を乗り出して熱弁しながら見ていたそうです。そういう所をおもしろがるのか、と意外な一面が発見できてこちらも楽しくなりますよね。

受験の役に立つかどうかという観点だけで見れば、役には立たないかもしれません。しかし、この体験によって彼の知識は一気に立体的になった。実際に足を運んで見たり聞いたりして、実感を持って体験したことは、その子のからだと脳の奥深くに刻まれていきます。

電車が好きな子なら列車旅、虫が好きな子なら昆虫採集もいいでしょう。映像や図鑑の中だけで見ていたものを、自らの目や耳で感知し、手で触ったり捕まえたりすることで得られる立体的な感覚は重要です。とくに低学年の子には積極的に体験させてやってほしいですが、何歳になっても早い・遅いはありませんのでたくさん連れ出してください。

## †まずは「からだの脳」で土台を作る

子どもの脳には、育てられるべき順番があります。最初にきちんと育てられるべきなのが、「からだの脳」です。これは寝ること、起きること、食べること、そして身体をうまく動かすことを司る、生きるために不可欠な脳です。主に大脳辺縁系、視床、視床下部などの間脳や、中脳、橋、延髄などの脳幹部を指します。

生後5年間で育つ「からだの脳」は、いわば生命維持装置。生きるために不可欠ゆえ、放っておいても必ず育ちます。どんな育て方をしても、「からだの脳」が育たない子どもはいません。生きている限り、寝る・起きる・食べるは誰にでもできるように人間はできている。だからこそ、「より良い『からだの脳』を育てなくては！」と考えて取り組む親御さんは少ないのです。ここが現代の子育ての問題だと私は考えます。本来電気や便利な道具のない時代であれば、この「原始人の脳」は自然によく育ちます。でも、夜も明るく便利になった現代では、「意識して真剣に」育てなければ、良い「からだの脳」は育ちません。

生後まもなくの赤ん坊は睡眠・食欲・身体の動きをコントロールできず、寝たり起きたりをランダムに繰り返していますが、1歳ごろになると朝目覚め、夜眠り、起きている間に姿勢を維持してからだを動かすようになります。5歳くらいまでには、どんな子でも、夜は寝て、朝は起き、1日3回は食事をする、という生活のリズムが自然とできてくる。

そこで親は安心してしまうのですが、実際には、親が無理やり起こしているから起きるのであって自ら目が覚めていなかったり、「早く寝ようね」と必死に寝かしつけているから寝ているだけで、自分から眠りについているわけではなかったりしませんか。食事にしても、親の生活時間に合わせて「ご飯の時間だよ。さあ食べて」と食べさせているだけで、「お腹すいた、食べたい」と思って食べていなかったりします。

そこが問題です。

「原始人の脳」すなわち「からだの脳」を育てるときに大事なのは、本当にその子自身が自発的に、お腹がすいたり、眠くなったり、シャキッと目が覚めるような脳になっているのかという点です。親が必死に声をかけて促されてやっていると、なんとなくできているように見えがちです。「からだの脳」が本当にしっかりとできているかどうかは、後々大きな差として現れてきます。次に育つ「おりこうさんの脳」「こころの脳」の大事な土台になるからです。

他方、大脳新皮質の「おりこうさんの脳」は言語機能や微細運動、思考を司ります。多くの情報や知識が蓄えられる部位なので、小学校に入れば、脳が出来上がってきたかどうかははっきりわかります。学校で受けたテストの点数が70点なのか100点なのか、30点なのか。我が子が30点をとってきたとなれば、「この子は『おりこうさんの脳』が育っていない」と親は感じ、「塾に通わせて勉強させせなきゃ！」となるでしょう。

それくらいの必死さで「からだの脳」も育ててほしいというのが、私が声を大にし

脳の育ちには順番がある

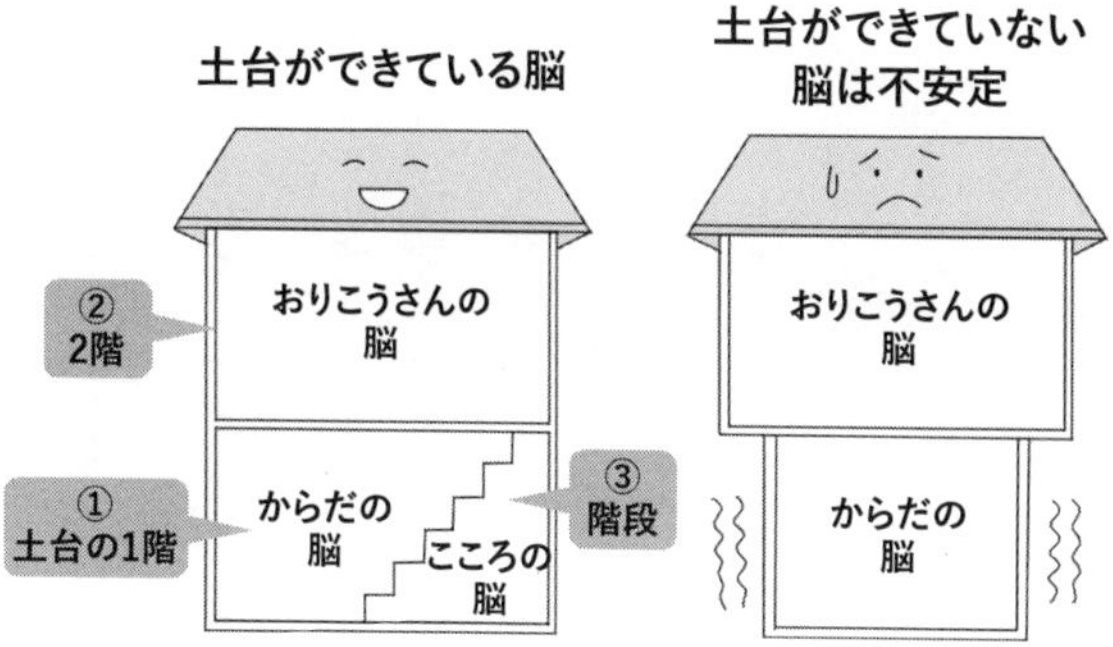


て伝えたいことです。「からだの脳」が土台となり（1階）、「おりこうさんの脳」（2階）が発達するので、まずは土台の「からだの脳」をしっかり作ることが何よりも重要なのです。「からだの脳」は生きるために必須のため放っておいても必ず育つものですが、2階を支えられる頑丈な1階にするには、正しい脳育てを親が意識しなくてはなりません。

小学校に入るくらいの子どもが、朝に自分で起きてこない、夜はひとりで寝つかない、「お腹すいた」とご飯を食べに来ない……としたら、「うちの子、『からだの脳』が育っていない！　原始人の生活ができていない！」と、塾に通わせなきゃと思うのと同じくらいの危機感を持っていただきたいのです。

でも、もしそうだとしても心配しなくて大丈夫です。「からだの脳」は何歳からでも育て直すことができます。

## †早寝早起きでパフォーマンスは変わる

人間が目を覚ますのに最も必要なのは、太陽の光です。人間の体内時計は、脳のなかで左右の視神経が交差する視交叉《しこうさ》の上にあります。ここに太陽の光が入ると、脳が「朝だ」と認識します。夕方暗くなって光が視床下部に入ってこなくなると、「夜だ、寝なくちゃ」というモードになる。体内時計は、太陽の光を基準に動いているのです。まさに原始人の生活です。

つまり、太陽の光が毎朝同じ時刻に目の中に入るようにすれば、からだは「あ、はいはい。朝ですね」と、自然と起きてくる。周囲が暗くなってくれば、夜と認識して眠くなってくる。生まれたばかりの赤ちゃんではまだうまく働いていませんが、毎日繰り返しているうちに、1歳ごろには朝と夜を脳が感知するようになり、起こさなくても起きる、寝かさなくても眠るというリズムが出来上がります。視床下部には食欲

朝に目が覚めるしくみ

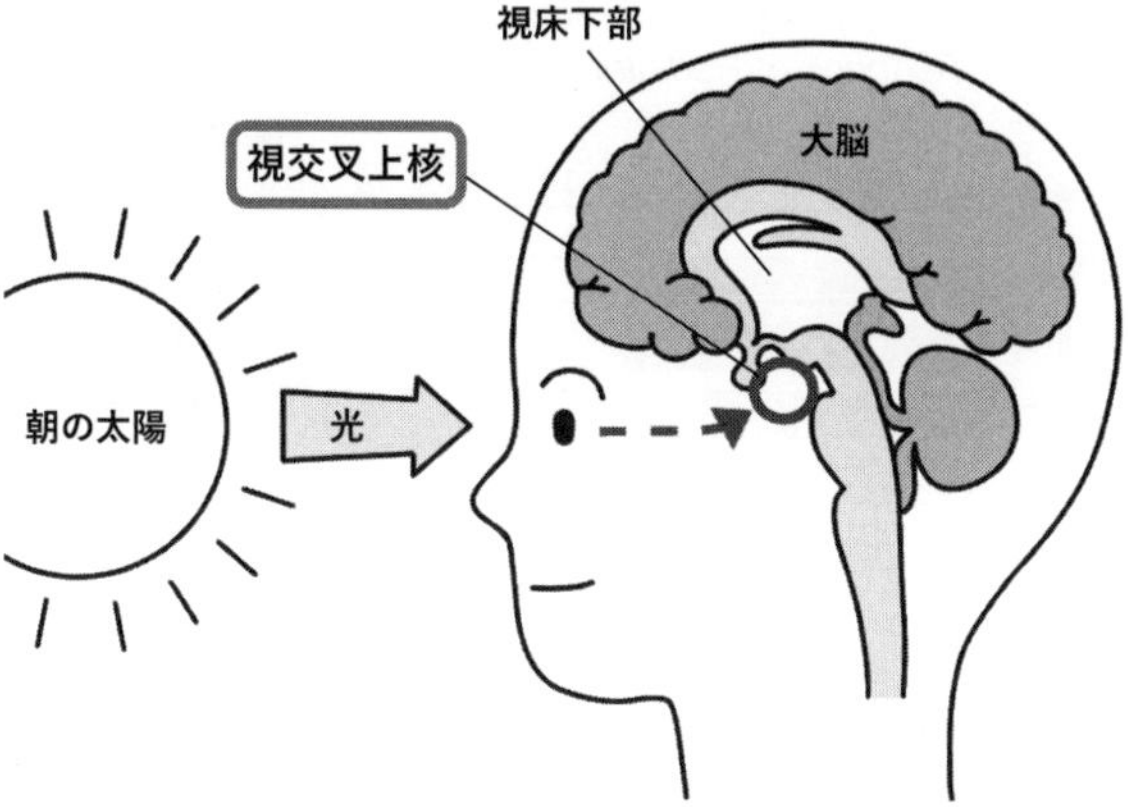


中枢もあるので、お腹がすいたこともわかるようになります。

もちろん大人になれば、「太陽が沈んだから寝ます」などとは言っていられませんし、睡眠時間も子どもほどは要らなくなるので、夜は11時までには寝て、朝6時までには起きる、というくらいで十分です。人生の最初期にはなんとしてもこの土台を頑丈に作っておくこと。これだけは譲れません。小学生の場合、理想的な睡眠時間は一晩に10時間ですが、9時間でもぎりぎりオーケーです。

夜は部屋をできるだけ真っ暗にして、朝になったらカーテンを開けて太陽の光を部屋に入れてやる。これは脳にとてもよい刺激にな

子どもの年齢別の必要な標準睡眠時間
（出典＝ Kliegman RM, Stanton BF, St. Geme JW, *et al.*, *Nelson Textbook of Pediatrics*. 19th ed., Elsevier, 2011）

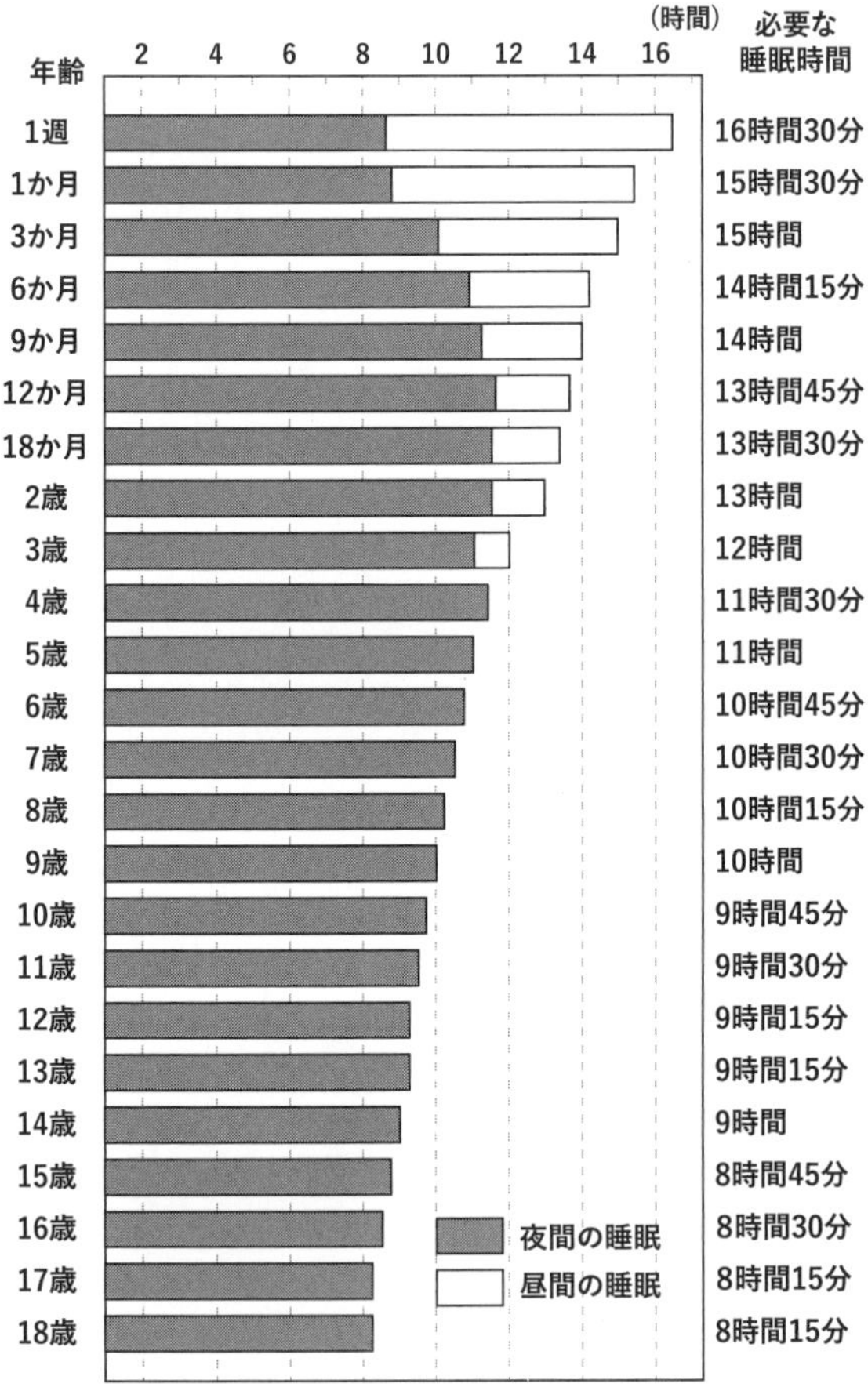

ります。朝、ベランダに出て直に日光を浴びるようにすると、さらによいでしょう。朝5時から7時の間に太陽の光を浴びると、ハッピーホルモンであるセロトニンや元気ホルモンであるコルチゾールが脳内で盛んに分泌されます。朝と夜のリズムがしっかりできていれば、お腹も自然にすくようになります。

逆に、真夜中にも煌々《こうこう》と明かりをつけていたり、スマホや電子機器の画面を見ていたりするのは、「からだの脳」が「育ちはするが頑丈でない」状態をつくる環境なので注意しましょう。

朝、決まった時刻に強制的に起きて光を浴びる。大人でもこれを続けると、1週間ほどで生活リズムが整ってきて、体調がよい方向に変わってきます。

私は大学生の教え子たちにも、「夜は寝て、朝は早く起きて目に太陽の光を入れろ」とくり返し伝えているのですが、学生たちから、「騙《だま》されたと思ってやってみたら、本当に変わりました」という成功例の報告を何度も受けています。「朝ごはんがたくさん食べられるようになり、日中を活発に過ごせました」「脳がスッキリして、1限目の授業がすんなり頭に入ってくるようになりました」などなど。

人間は昼行性の動物ですから、朝起きたときが最もパフォーマンスがよいはずです。子どもには絶対にこの生活リズムをつけてあげること、「からだの脳」をしっかり育てることが大切で、それこそが子どもを幸せにする方法です。5歳までにできれば最高ですが、大学生でも変わるのですから、何歳でも遅くはありません。

もし我が子が朝に自分から起きてこない、朝ごはんが進まないという場合には、「この子、『からだの脳』が育っていない！」と思って、学習より先にそちらを整えてあげましょう。すると勉強の能率も上がりますし、成績も上向きに変化してくるはずです。

朝6時に目覚めていれば、5歳の子なら夜8時、小中学生なら9時、高校生なら10時、大人でも11時には眠くなります。眠くなったら寝て、からだと脳を休める。それが翌日以降の最高のパフォーマンスを生むことは、どの年齢でも同じです。

本当は眠くてからだが悲鳴を上げていても、まだ家事や仕事が残っているから頑張らなくちゃ、と深夜に洗い物や書類づくりをしているようなお母さん、お父さんもいるようですが、それはいけません。夜はさっさと寝て、少し早起きして朝にこなしたほうが、家事も仕事もはかどるのです。ぜひ一度やってみてください。

## †子どもの人生を誰がどう選択するのか

どうしても朝起きられないので出席日数が足りずに進級できず、通信制高校に転校した17歳の高校生がいて、彼女にも早起きの大切さを根気よく伝えていました。挫折しながらも朝早く起きることに何度も挑戦していたところ、ある日、「先生、今朝私、5時半に本当にパチッて目が覚めたんです」とうれしそうに笑顔で話してくれました。「起きても頭が痛くないし、すごく爽快で、お腹がぐーって鳴って、朝ごはんもパクパク食べられたんです。びっくりしました」と。

その子は頑張って有名な高校に入ったのに、朝起きられないせいで出席日数が足りず、1年で退学することになってしまっていました。普通なら落ち込んで立ち直れないことも考えられますが、まずは朝起きることから、と自ら生活を変えて、5時半に起きられるようになった。これができればもう大丈夫、と思っています。

そして、「私、なりたい職業があるんです」と言って夢を聞かせてくれ、獣医師になるべく、前向きに勉強に励み始めました。その職業の就職実績の高い大学を探してきて、オープンキャンパスで訪問し、大学の先生に偏差値や受験科目・勉強のコツなどを自ら質問してきたそうです。すばらしい変身ぶりです。これこそ本当の受験だな、と感心しました。「からだの脳」を作ることの大切さを実感できた事例です。

## †勉強は夜ではなく朝やろう

「からだの脳」育ての大切さ、そのための朝の早起きの大切さについて説いてきました。受験に成功するためにも早起きは、良いことしかありません。これは声を大にして言いたいのですが、勉強も仕事も朝に取り組むのが一番です。

日中に脳に入ってきた情報は夜眠っている間に整理整頓され、朝の脳には新しい情報が入る準備が整っています。だから朝の起床直後が、最も勉強に向いている時間帯なのです。夜の脳は、日中さまざまな刺激が入ってきて疲れ切っています。夜遅く勉強をしても、効率よくこなせるはずがありません。夜の疲れ切った脳では30分かかっても解けない数学の問題が、朝なら10分で「あ！」とひらめいて解けることがよくあ

著者の大学受験生時代のタイムスケジュール

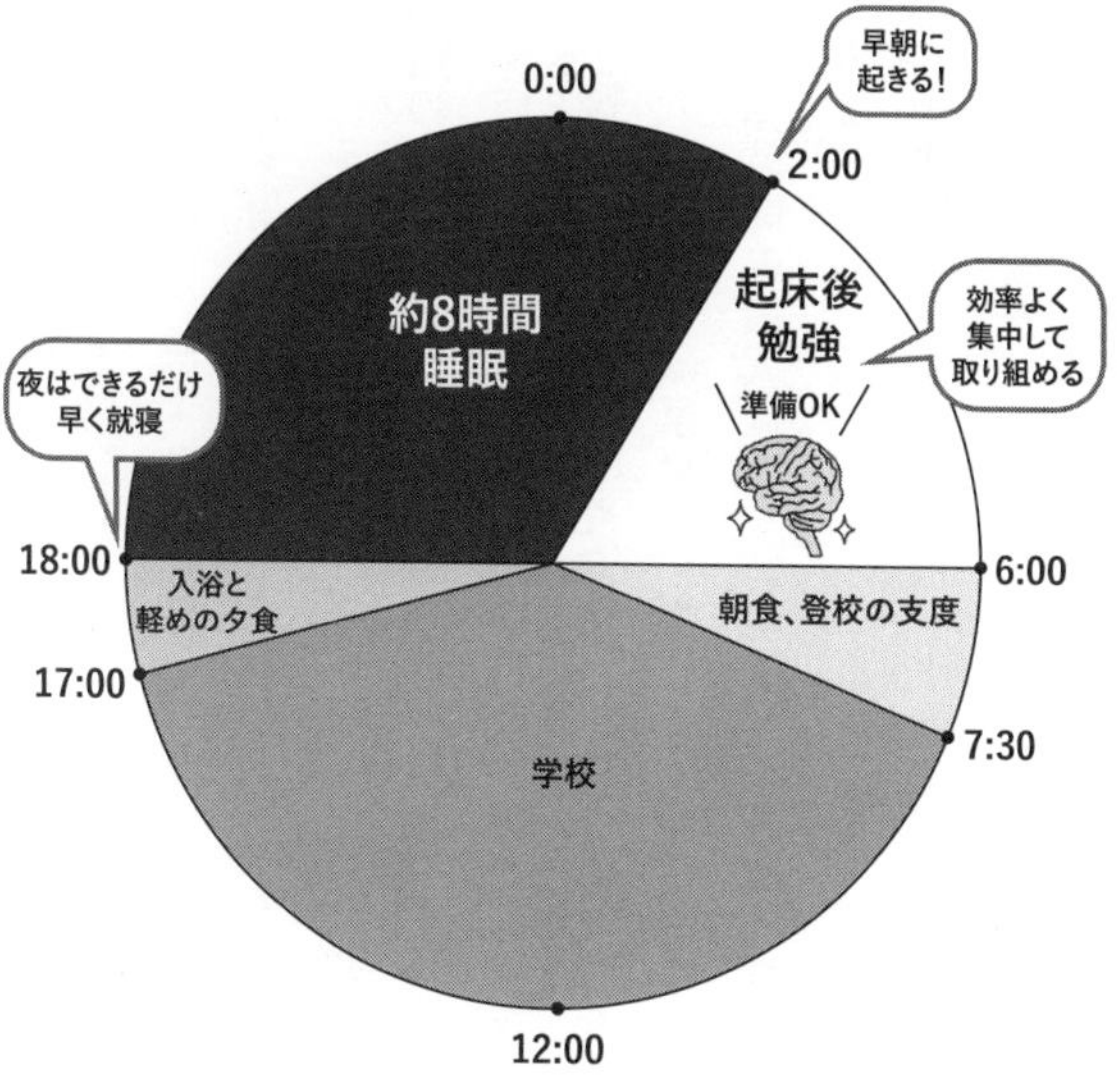


ります。

小学生が中学受験の塾に通っていると、夜9時ごろまで授業を受けて、帰宅後は習ったことを忘れないようにすぐに復習せよと言われるそうですが、それは脳科学的には間違いです。家に帰って深夜まで小学生が勉強しても、何の意味もありません。疲れた脳は働きが悪いし、長時間勉強して大量の知識をインプットしても、十分睡眠をとらなければ、脳に定着しないからです。

私自身、大学受験のときは、学校から夕方5時ごろに帰ってきたら、ささっと軽めに夕食をとって、6時にいったん寝ていました。たっぷり8時間の睡眠をとった上で、夜中2時に起き、コーヒーを飲みながら朝まで勉強すると、すごく集中できました。朝起きたら好きなカフェオレを飲む、好きな音楽を聴く、好きなお菓子を食べる、など「ごほうび」を用意して、それを楽しみに起きると効果的です。

朝勉のよいところは、終わりの時刻が決まっていることです。夜勉だと、夜は長いので、いざとなれば徹夜すればいい、とダラダラと際限なく勉強しがちになります。一方、朝勉は、時間がきたら切り上げなくてはなりません。私は毎朝6時には朝食をとって、7時半には家を出て学校に向かわなくてはなりませんでしたので、1日4時間が勉強時間の最大値です。決まった時間内でどれだけ効率よく学習できるかが勝負になります。

現在の受験のシステムでは、どんな試験も本番は時間との闘いです。限られた時間内にどれだけ効率よく問題を解けるか。短時間で持てる力を出し切れることは、入試に備える上で必要な能力なのです。朝勉は、その絶好のトレーニングになります。

たとえば２０２４年現在の大学入学共通テストなど、マークシート方式の試験の場合は、時間を決めて過去問題を集中的に勉強すれば、確実に点数が上がります。規定の時間内に問題を見極め、要領よく解いていく訓練が大事で、共通テスト対策にこそ、朝勉強が効果を発揮するのです。

限られた時間内で最高のパフォーマンスで解答をして点数を稼ぐ。これは中学受験の試験にも当てはまるでしょう。せっかく小学生のころから受験勉強に取り組むのなら、朝の限られた時間を使って効率的に勉強する習慣をつけることを強くお勧めします。最終的に自分の行きたい大学やなりたい職業に近づくことにつながる、とってもきの習慣だと思います。

早起きと朝勉強の大前提として、十分な睡眠をとった上で、という点も忘れないでください。たっぷり睡眠をとることは、「こころの脳」を育てることにもつながります。「こころの脳」が育っていれば、思考や感情を整理しコントロールすることができ、ストレスにも強く、本番も自信をもって臨めます。睡眠が足りず、「こころの脳」がきちんと育っていないと、入試のような大きなストレスがかかった場合、不安で前頭葉のパフォーマンスが下がり、思考がうまくまとまらないということも起きてきます。

### †「おりこうさんの脳」はインプットが大切

「からだの脳」が5歳くらいまでにできていくのと並行して、1歳以降、「おりこうさんの脳」も徐々に育ってきます。「からだの脳」がしっかりできていて、「おりこうさんの脳」に知識や経験が十分入ってくると、小学4、5年生ごろから前頭葉の「こころの脳」がそれらの情報を統合するようになります。

「からだの脳」は、先ほども言いましたが、いわば原始人の脳です。眠いとか食べたいとか逃げ出したいといった、本能的な欲望を出してきます。「こころの脳」は、それを「今食べたいのはわかるけど、授業中だからもう少し待ってからね」と抑制するのです。動物として「からだの脳」は絶対に必要ですが、現代を生きる私たちは一生原始人のまま生きていくわけにはいきません。社会で生きていくには、本能に抑制をかけたり周囲の人たちと協調したりする必要がある。そのためには「おりこうさんの脳」が育つ時期に知識や経験をできるだけたくさん蓄えることが大切です。

## †家族間の「対話」が子どもの脳を育てる

それは語彙《ごい》についても言えます。例えば、「かわいい」という抽象語は非常に難しい言葉で、さまざまな意味やニュアンスが含まれます。「小さい」とか「きれい」といった他の言葉に置き換えられる意味もあれば、もっと微細なニュアンスを表す場合もある。そうした多様な意味を持つ言葉を使えるようになるには、さまざまなパターンの「かわいい」を、外から入れておくことが必要になります。

家庭では大人が「このケーキかわいいね」「あのアイドルの男の子、かわいい」「あなたがそんなこと言うなんて、かわいいわね」と、いろんな「かわいい」を日々の会話の中で使っています。そうしたインプットの積み重ねで、子どもは複雑な意味の言葉を自在に使えるようになっていくのです。これは、学校での子ども同士の会話だけではなかなか入ってきません。身近な大人の会話をたくさん聞くしかない。家庭での言葉のやりとりはその意味でも非常に大切です。

最近、抽象語の使い方が下手な子どもが多いと感じます。漢字は書けるし、現代文の問題は解けるのですが、自分で抽象語を使って文章を作ることが苦手で、親に対しても「別に」「どっちでもいい」「わかった」くらいしか言わない。どのシチュエーションでどの言葉を選ぶのが適切か、その判断がとても難しいため、難しい抽象語を結果的に使わなくなってしまうのでしょう。

抽象語をはじめとする言葉のインプットは、塾に通わなくとも、つまりお金をかけなくても、親子や家族間の日々の会話のなかで、意識すれば自然に身につけることができます。家にいる時間に子どもと話したり、大人どうしの会話を聞かせることも脳には大切な刺激なのです。「おりこうさんの脳」が育つ時期に、生活の中で、意識してよい刺激を与えられるようにしてください。

家庭の中に、両親だけでなく祖父母やきょうだいなど、属性の違う多様な人たちがいると、なお効果的です。ある話題について、父親は「すごくいいね」と褒《ほ》めてくれたけど、おじいちゃんには「それはダメだ」と否定されて矛盾を感じるようなことって、ありますよね。意見をひとつにまとめないと子どもは混乱してしまうのでは、と思いがちですが、むしろそれこそが実際の社会のありようです。

社会にはいろいろな人がいて、いろいろな価値観がある。おじいちゃん、お父さん、お母さんのそれぞれ考え方があり、自分が正しいと思うのはどれなのだろうと考える。おじいちゃんの意見が理不尽だと思っても、そういう考え方をする人もいるんだな、と思えばいいのです。人間とはそういうもので、社会に出れば、こういうことがたくさんあるのだと家庭内で肌で感じられることは、子どもにとって非常に大きな学びになります。多様な意見の持ち主が共に生きていくにはどうしたらいいのかを考えるきっかけにもなるでしょう。家庭は社会の最小単位なのです。

核家族化が進み、子どもも塾だ習い事だと忙しくなり、家族と過ごす時間が短くなるにつれ、そうした訓練のできていない子が増えているように感じています。家庭の生活の中でできることなのにもったいないなあと思います。

例えば家族旅行を計画中、お母さんが「電車のほうが効率がいい」と言い、お父さんは「時間に縛られたくないので、車で行きたい」と言ったとします。場合によっては夫婦喧嘩のもとになりかねない状況ですよね。こういうとき、子どもの前で喧嘩したくないからと、決まったことだけを翌朝伝えようとしていませんか？　それでは子どもは何も学ぶことができません。意見の食い違った両親がどのように話し合って折り合いをつけていくかを目の前で見せることが大切なのです。

家族間にはもっと「対話」が必要です。「ディベート」は、自分の論理をどこまでも通して相手を打ち負かす議論の方法であり、「会話」は、わかり合っている者同士でする省略満載のなあなあのやりとりです。私が家庭でぜひやってほしいと考える「対話」は、異なるコンテクスト（文脈）を持った人同士がお互いのコンテクストを説明し、感情を交えず淡々と話し合う中で折り合い、接点を見つけていくこと。

この「対話」を、普段からしていない家庭がいかに多いことか。「今日は塾だから、早く車に乗りなさい」とだけ言って子どもを従わせていませんか。子どもには子どものコンテクストがあるはずなのに聞いてやらず、自分のコンテクストだけを押しつけている。それを指摘すると、「子どもの言うことを聞いていたら、塾に間に合いませんと言い返されますが、少しくらい塾に遅刻したっていいではありませんか。きちんと血の通った対話を親子ですることのほうが、子どもの脳を育てることにつながります。

## †「こころの脳」で自分の思考と感情を整える

中学受験にしても、小学3年生の子にコンテクストを持って話せと言うのは難しいかもしれませんが、「こころの脳」が育ち始めた5年生くらいになって、本人が壁にぶち当たって悩んだら、「なぜ自分は受験をするのか」を自分なりに考え、その文脈を本人にプレゼンさせてみるのはどうでしょうか。「塾はつまんない」「みんなと遊びたいし」など、親から見たら甘い、未熟だと思うようなことを言うかもしれません。でもまずは子ども本人の言い分をきちんと聞いて、考える時間をあげて少し泳がせてやる。

そこで本人から「もうちょっと頑張ってみようかな」という答えが出てくればそれでよし。親の言葉に誘導されて我慢するより、ずっと意味があります。あるいは「本当につらくてやめたい」と言うのなら、その気持ちを受け止めた上で、親の立場からの文脈を伝える。それを聞いて子どもが考えたことを、また親に伝える。そうした言葉のキャッチボールを通して折り合いをつけていくようにすると、将来につながる脳の育ちが期待できるでしょう。

そうした対話の結果、子どもが受験をやめる選択をし、すっかり元気になったというご家庭を、私はたくさん見てきました。

あるお子さんは、対話の結果、塾をやめることにはしたけれど、将来に絶望するどころか、むしろ高校受験の準備をどうすれば効率的にできるかを自分で考え始めました。中学に入ったら、このくらいの時期からちゃんと勉強して、こういう方向性の高校に行けるように頑張ると言っているのだとか。そして、塾はやめたけど、「せっかくここまで勉強してきたから、中学受験はさせてほしい」とお母さんに頼んだそうです。もちろん落ちる可能性は高いけど、公立中学に行ったら、高校受験では失敗しないように早めに勉強を始めるから、と。こういう思考のできる子は、たとえ受験に失敗しても、負け組ではありませんよね。

## †親しき中にも礼儀あり

家庭での対話というのは、何も深刻な話ばかりである必要はありません。「今日の夕飯は何が食べたいか」とか「唐揚げを作るのに、小麦粉をつけるか片栗粉にするか」といった些細《ささい》なことでもいい。生活の場面ごとに、気軽に対話の癖をつけることが大切です。お互いの文脈を開示してぶつけ合い、折り合いをつけることが習慣になると、脳が育つのに抜群の効果があり、勉強の面でも国語力が飛躍的に伸ばせます。

我が家では私と娘は常に対話を繰り返しています。ここまでに説明してきた「対話」や「コンテクスト」というのは、要は「ああ言えば、こう言う」なんです。

例えば、娘と買い物に行くとします。自動車で行くか、バスに乗るか、それとも徒歩で行くかを決めるのに、「車はガソリン代がかかるので、その代金をあなたが払ってくれるならいいでしょう」とこちらが言うと、娘は「車には2人で乗るので、ガソリン代は折半にすべきです」と言ってくる。相手の話を聞いた上で、突けるポイントを探して、ロジックで反論する。まさに「ああ言えば、こう言う」です。これはなかなかの脳トレになります。

娘はすでに成人して一人暮らしをしていますが、今でも帰省すればこの対話が自然と復活します。「今日はちょうど駅まで車で来ているので、あなたの帰りの時刻に合うようなら、乗せてあげられるけどどうしますか」とメッセージを送ると、「それは、ありがたい。お願いします」と返信がきます。「では、運賃1200円いただきます」と私が冗談を言うと、「高すぎる。お母さんの帰りのついでなのだし、今金欠なので、無料にしていただけるとありがたい」と返ってくる。ユーモアを交えてやりとりするのが、我が家の習慣になっています。

こちらには「私の大事な時間を使ってあなたを迎えに行く」という文脈があるわけです。これも大事なポイントです。多くの親御さんは我が子の塾の送り迎えを必死でされていますが、お子さんはそれを当たり前だと思っていませんか。もちろん私も、帰り道に娘をピックアップするだけなのだから大した手間ではありませんが、家族であっても礼儀は必要です。ただで迎えに来てもらえるわけではないことは繰り返しインプットしておかないと、子どもは感謝の気持ちを持つことなく、お迎えは当たり前だと思ってしまいます。

こういうやりとりを繰り返しているせいか、娘からは自然と「お迎えありがとうございます」という一言が返ってきます。送り迎えしてもらうのが当たり前と思わせるのではなく、何かしてもらったらお礼を伝える習慣をつけてやる。生活の中で意識すれば、こんな脳育ての方法もあるのです。家庭でしかできない脳育ての重要な点については、次章で詳しくお話ししましょう。

### †「こころの脳」が育たない中学受験とは

あるとき、こんなお母さんからの相談を受けました。小6の息子さんが、塾の夏期特別講習に行くことになったそうです。会場は、今まで行ったことのない駅が最寄りだったのですが、電車の好きな息子は「行き方は自分で調べられるし、一人で行けるから付き添いはいらない」と言います。でも、お母さんは「大切な講習なのに、道を間違えて行けなくなったら大変」と考えて、先回りして路線の検索をし、嫌がる息子を説得して一緒についていった。ところが乗り換えの時刻にラッシュが重なり移動にものすごく時間がかかってしまって、気づいたときには講習の開始時刻が迫り、結局タクシーを拾ってようやく間に合ったというんです。タクシーの車内で息子はお母さんに対して、「お前が余計なことをしやがるから遅れてしまったんだ！　どうしてくれるんだ！」とすごい剣幕で怒鳴っていたそうです。

脳の育ちの観点から見ると、お母さんの先回り・過干渉が、せっかくの子どもの「こころの脳」の育ちを完全に阻害している残念な例です。

本人が「一人で行ける」と言ったのだし、道に迷って遅刻しても、大したことではありません。一度間違えたら次はなんとかするはず、我が子ならできるはず、と信頼して送り出すべきところです。まさに「こころの脳」を育てる絶好の機会です。でもこのお母さんは、「せっかく貴重な夏期講習に入れてもらったのに、最終日のテストで悪い点を取ったら、いい学校を受験できないから」と、親が手出しをして確実に講習に参加させる以外の選択肢はないと思い込んでいる。ここまで高偏差値で進んできた子なのに、「こころの脳」を育てる機会を親が奪ってしまっているのです。それどころか、目上の大人である親に子が暴言を吐く状況を作ってしまっています。

自分で地図を見ながら行ってみて、わからなくなったら周囲の人に聞く。間違えたときには人に聞けばなんとかなるものだという学びにもなれば、助けてくれる他人の存在ってありがたいなという気持ちも湧くかもしれない。そうして自分で心と頭を動かしながらトライアンドエラーを繰り返すことこそが前頭葉、「こころの脳」を育てていくのです。

我が子の「こころの脳」を育てるために親にできることは、手を引く、口を出さない、泳がせる。これしかありません。

先ほどの例のように、中学受験で親がしていることは、この逆ばかりではありませんか。受験塾が、「お子さんの将来のために親御さんが最大限のサポートを」と奨励していることを鵜呑みにしていませんか。塾の考え方を全否定するわけではありませんが、この年齢で生活の中心が塾になってしまったり、塾の教え通りにしなくてはと、親が子どもときちんと向き合ってやらなければ、脳の育ちは阻害されてしまいます。

気をつけないと、中学受験と脳育ては相反するものになってしまいます。特に最も大切な前頭葉の育ちを阻害してしまうのです。受験勉強を通して論理的な問題を解くことは、ある意味で前頭葉を育てますが、実生活において思考や感情を整理し、コントロールできるようになるかというと、心もとないでしょう。

「自分が今どう行動すべきか」「自分なら大丈夫」と子どもが考えられるようになるために、我が子に親として何をすべきか、すべきでないか、答えはすぐ出るはずです。

第３章

# 家庭でしかできない脳育て

## †学びは日常生活に溢れている

学校で机の前に座って授業を聞いたり、問題を解いたりするだけが勉強ではありません。我が子が学校に入った途端、「お勉強の始まりだ！」とばかりに、ドリルをやらせなきゃとか、テストでいい点が取れるようにしなきゃと焦ってしまう親御さんが多いのですが、子どもにとっての「学び」は、日々の生活の中にたくさん含まれています。中でも重要なのが、家庭での学びです。

家庭というもっとも小さな社会の一員として、自分は何ができるのか——子どもにそう自覚させ考えさせることは、いわゆる学校の勉強とは比べものにならないくらい大きな学びになると私は考えます。

基本的に子どもは「勉強嫌《ぎら》い」です。学校で与えられる宿題や課題を嫌がる子は多く、それが親御さんの悩みの種になっていますが、きわめて自然な現象です。

「勉強しなさい」

「やだ」「やりたくない」

もしくは
「このゲームが終わってから」「この動画を見終わってから」

……そうしたやりとりに覚えのある方はいませんか？　子どもが口答えするたびに親御さんはさらにエキサイトし、「とにかく座りなさい」「終えるまで寝かせないよ」などと畳みかける。そんな会話に無駄なエネルギーを費やしているご家庭があまりにも多いように感じています。

相手は「勉強嫌い」なのだ、という前提を理解すれば、こういったコミュニケーションがまったくナンセンスであることはすぐに分かるはずです。

およそ小学4年生までの学習というのは、数の概念、伝達のための最低限の文章、漢字の読み書きといった、社会の中で生きていくために必要な事柄が中心です。それらは実は、生活の中で学ばせることが十分に可能です。家でインスタントラーメンを作ろうというときに、袋の裏面に書いてある作り方の説明の漢字が読めない、「3分」がどのくらいの長さなのか分からない、とならないための基礎を学んでいるのです。

たとえばホットケーキが大好きな子なら、休日のおやつなどに、「今日はお母さん何もやらないから、自分でホットケーキを作ってみて」と促してみてください。子どもは、まず作り方を確認するために、ホットケーキミックスのパッケージを読むでしょうし、材料の規定量を測るという作業にも取りかかるでしょう。そうすれば自然と、小学校2年生の算数の授業でよくやる「液体100ミリリットルを測る」という課題がクリアできるわけです。

学校の授業では「1デシリットルを10回注ぐと1リットルになりますね」と教えますが、自分の目の前の「ホットケーキを作る」というミッションのために計量カップで測ることでも、1デシリットルのだいたいの量は体感できます。学校の教室で「1デシリットルが10集まると、1リットルになる」と言われるより、ずっとわかりやすく、しかも実体験を伴って学ぶことができるのです。

ただ、初めてホットケーキを作る子どもは、途中でミスをすることもあるでしょう。100ミリリットル入れるべき牛乳を75ミリリットルしか入れなければ、固いホットケーキが出来上がることになります。それを先回りして、75ミリリットル測っているところで「違う、違う」と否定し、「これは75よ。100入れなきゃダメじゃない」などと口を出す過干渉な親御さんが多いのですが、それは良くありません。失敗させるのも学習の重要なポイントだからです。

自分でやってみて失敗すれば、何がいけなかったのかを自ら振り返る機会になります。「あそこがいけなかったんだな」と気づいて、「次は失敗しないようにしよう」と思うことができたらしめたものです。失敗して困ったなと思うから次は間違えないようにしようと気をつける。それこそが学習です。私たちはその繰り返しで日々成長しているのです。ホットケーキが本当に好きな子なら、失敗を積み重ねることで、「もっとおいしいホットケーキを作りたい」「そのためにはどうすればよいか」と、次への動機づけが生まれるかもしれません。

小学校における学習が生活のための学びである以上、家庭生活の中に学びの種はいくらでもあるのです。

友達が2人遊びに来たときに、「お友達と分けなさい」と飴玉を6個渡す、というのもいいですね。最初は1個ずつ配っていたのが、「これは2個ずつ配ればいいんだな」とわかってくる。それは子どもの中で、2×3＝6が体感できる瞬間です。

## 宿題をやらせるのは親の仕事ではありません

そうは言っても、学校から出された宿題を我が子がやっていなかったらどうするのか、と思われるかもしれません。簡単です。放っておけばいいのです。子どもに宿題をやらせるのは、お母さんやお父さんの仕事ではありません。それは子ども本人の仕事であり、宿題をやってこなかった子を叱るのは学校の先生の仕事です。

宿題を忘れて先生に怒られた子は、それが苦痛なら「次回は忘れずにやろう」と思うかもしれないし、私の娘のように先生に叱られることがまったく気にならない子は一生やらないままでいるかもしれません。つまり、やるかやらないかはその子自身の問題なのです。

親が管轄《かんかつ》できるのはあくまでも家庭生活だけだと割り切っておくことが大切です。子どもにとっての社会である学校での生活は、社会人にとっての社会生活に比べれば非常に未熟です。日々失敗もするし、先生の希望通りにできないことが次々に出てくる。7、8歳の子が、先生の言う通りにできないことがあるのは当たり前だ、と大きく構えていれば、「ああ、こんなものかな」と思うことができるのではないでしょうか。できなかったときには「そこでこの子はどうするかな」と、子ども自身の社会である学校という場で、彼らが体験し、自分の頭で考え、どう行動するかを見守ってあげてください。

大事なのは、子どもが成人し社会に出たときに「これ、やりたくないけれど、やらないとまずいんだよね」と自ら思える人間になっていること。大人になるまでに徐々にそうした姿勢が身につくよう持っていけばいいのです。自分で考え、行動する場である学校という社会に出て行く年齢になったのなら、親が色々と先回りして手助けをするのは、子どもの自立をかえって阻《はば》む行為と心得て、放っておきましょう。

ただし、宿題をやらないとか、学校で決められたことができないというのは、学校という社会の調和を乱しますし、調和を保つのが仕事である先生にとっては迷惑なこと。そして、社会において我が子のしでかしたことは、親の責任です。我が子が迷惑をかけているなと思ったら、機会あるごとに「すみません。うちの子、本当に態度が悪くて申し訳ありません」と、先生に謝っておく。それこそが、親が子どもに示すべき大人としての姿勢です。子どもには親が謝る姿を見せるか、「先生に謝っておいたよ」と伝えておきましょう。それを受けて子どもがどう考えるかもまた、脳育ての機会です。

以前、私のところに相談に来られたあるお母さんにこの話をしたところ、胸にストンときたようで、さっそく実行に移されました。小学3年生の子どもが、とにかく図鑑が大好きで、学校から帰ってくると図鑑ばかり眺めて宿題をしようとしないので、いつも「宿題は?」「はい、図鑑やめ!」とうるさく言っていたそうなのですが、言うのをやめて放っておき、学校の先生には「宿題やらなくて、すみません」と謝るようにしたところ、親子ともども心の状態がすっかり落ち着いたというのです。

さらに最近、その子は「牧野富太郎のような植物学者になりたい!」と将来の夢を語るようになったのだとか。実際に牧野富太郎のような植物学者になれるかどうかは別にして、自分の将来に夢を抱くというのは、前頭葉が育っている証拠であり、すばらしいことです。夢を達成したい＝社会に出るということですから、社会の規範に合

家庭と学校の区別

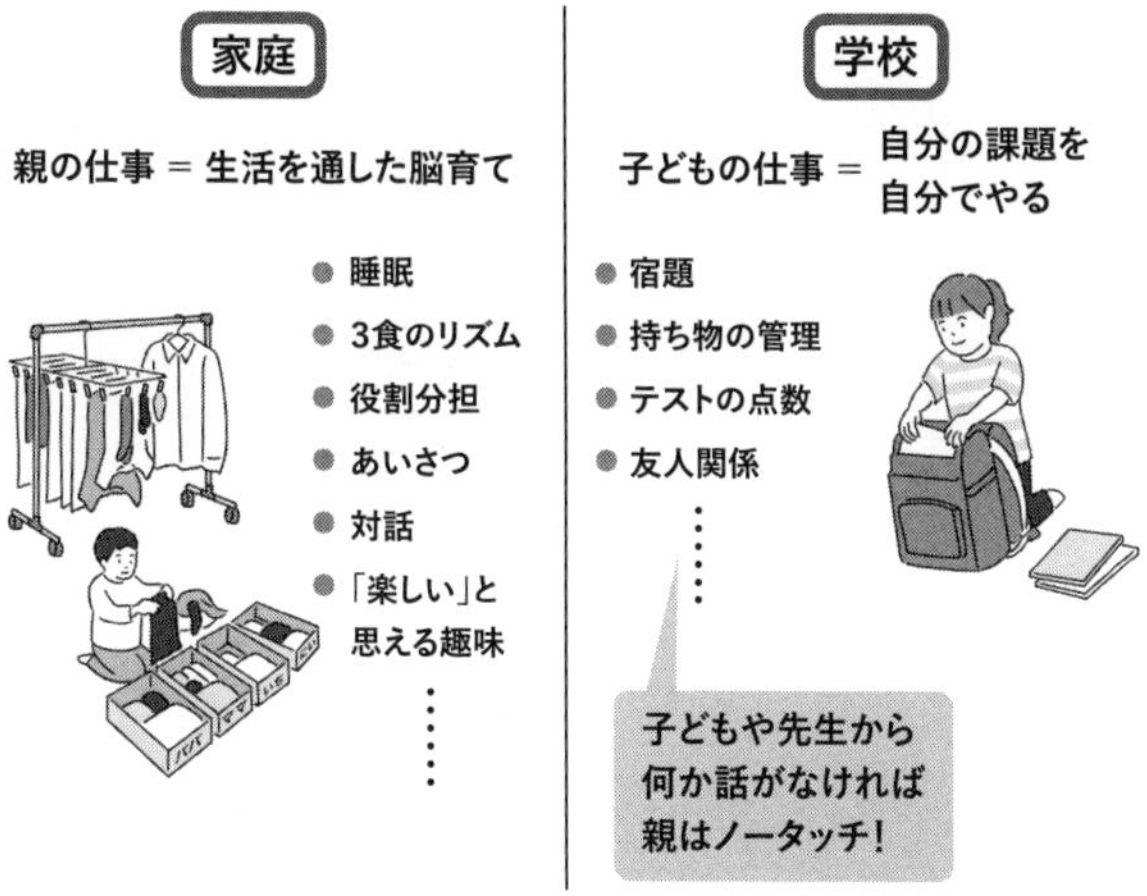


う行動をとるように自然となっていくでしょう。

大事なのは、そうして本人の意志が自ずと社会に向かっていくよう促すことなのです。それなのに親はつい、「こんなことじゃ社会で通用しないわよ」とか「宿題をちゃんとやらない子は、大人になって社会でやっていけないよ」などと先回りして言ってしまう。そうした言葉は呪いとなってのしかかり、「どうせ僕はダメなんだ」と、子どもたちはどんどん自信を失っていきます。

宿題をやるかやらないかを監督するのは、先生の仕事。親は算数の宿題をやらない我が子を「私の目が行き届かないばかりに、うちの子、態度が悪くてすみません」と先生に謝りつつ、台所で100ミリリットルの計測と格闘する我が子の様子を見ながら、「これで算数の力はついているよね」とほくそ笑んでいればいい。それで本質的な意味での算数の学習はできているのですから。

## †読書感想文は書けなくてもいい？

ただし、そのためには親が我が子をよく観察していなければなりません。

たとえば、私の娘は幼い頃からジグソーパズルなど複雑な形の特徴を察知して規定の箇所に嵌《は》める作業が大好きでした。ああ、この子はすごく目がいいし、図形認識力があるのだなと思っていたら、案の定、学校でも算数の図形や論理的な思考が得意になりました。一方で、作文は非常に苦手で、稚拙《ちせつ》な文章しか書けなかった。夏休みの読書感想文の中身も驚くほどひどかったのですが、まあこれがこの子だからと思ってそのまま提出させていました。

それが不思議なことに、高校生になると、提出したレポートに、高評価を意味する

「優」の点がつくようになりました。なるほど、ロジックが入ると強いんだな、と思いました。想像力や言語力の必要な創作的な作文はできない娘も、ロジックが中心の論文を書くには問題がなかった。つまり、すべては個性の問題なのです。読書感想文が書けなくて泣いている子を無理矢理座らせて、「感想はないの?」「思ったことは?」と詰問《きつもん》しながら取り組ませるような親御さんがよくいますが、誰もが創作的な文章を書ける必要はないと思います。

ただ、社会で生きていく上でどうしても書けないといけない文章があります。お礼と謝罪の文章です。人から何かをいただいたらお礼状を書くこと、謝るときはお詫び状を出すこと。この二つは幼い頃から伝えておけば、誰でも書けるようになります。お礼状とお詫び状に創作は必要ありません。定型の文章を覚えておけばいいのです。それが社会の礼儀であるということを教え、特性にかかわらず身につけられる力は脳に入れておく。これこそが、親が家庭でやるべきことです。

考えてみれば、大学入試の国語にしても、古文、漢文はほとんど記憶とロジックで解ける問題ばかりですし、現代文も、ほとんどがロジックの読み取りでいける。そこまで必死に「読書感想文が書ける子」に育てなくても、国語で得点を稼ぐことはできるのです。親子ともども泣きながら読書感想文に無駄な労力をかけ、疲弊したり、ましてやそれが原因で子どもが本嫌いになってしまったりしたら、本当にもったいないと思います。

## †家庭での観察から学びに発展させる

どんな子にも「好きなこと」はあるはずで、我が子の好きなことを発掘するのが親の仕事です。学校の勉強とはまったく関係のないことでいいのです。家庭で子どもをよく観察していると、なぜか興味を持つもの、何度も手に取るものがあるな、と傾向が見えてきます。たとえば、他のマンガは一度読んだら「おもしろかった」で終わるのに、『ドラえもん』だけは繰り返し読んでいるとしたら、その子はＳＦ系が好きなのかもしれない。そのような観察は、家庭で親ができることであり、親にしかできないことです。

そもそも学校の先生は個々の子どもについてそこまで細かく見られませんし、学校の学習に対して、どれも同程度の態度で臨んでいる子の場合、何が好きなのか、どの分野が得意なのかを、先生が見極めるのは難しい。そういうことこそ、家庭の中で親が見てやるべきです。

興味がまったく均一という子はいません。ぬいぐるみを可愛がるのが好きな子もいれば、図鑑の中でも宇宙に関するものだけが好きな子もいます。食事を出すといつもブロッコリーに最初に手をつける子なら、「茹《ゆ》でるところから一緒にやってみようか。これも勉強だね」と声をかけることもできる。

この子はトマトが好きだなと思ったら、「よし、今度の日曜日にはトマト料理を作ってみよう」と提案してみてはどうでしょう。小学生ならきっとネット検索もお手のものですから、「トマト料理を検索してみる」と言って、いろいろなレシピを出してくるはずです。どれを作るか決める過程で、トマトという野菜の特性や調理のバラエティを知るでしょうし、実際に料理をする際にも、材料を測ったり種や皮の特徴を見たりと学びの機会がある。トマトソースを作ってピザもこねてみよう、となったら、小麦粉からどうやってピザ生地になるのか、「不思議だね」と言いながら、大いに学ぶことでしょう。「これも立派な勉強なんだよ」「学校の宿題だけが勉強じゃないよ」と伝えながら取り組みましょう。子どもの学びのアンテナが広がります。

その子の本当に好きなことを観察すれば、そこには学習が深まるチャンスがたくさん転がっているのです。嫌いなことをどんなに伸ばそうと誘導しても絶対に伸びませんが、好きなことをきっかけにすれば、どんどん伸びていく。ぜひ我が子をよく観察して、好きなことをキャッチしてあげてほしいと思います。

### †ゲームと学びを差別しない

その際、肝心なのは、その子の「好きなこと」を差別しないこと。図鑑もゲームも宿題も、すべて同列に扱うことが重要です。

親御さんはとかく、子どもが見ているのが図鑑の場合には「何見てるの、ママにも見せて」と、我が子の興味を広げてやるのに乗り気になりやすい一方で、ゲームとなると途端に「なんでゲームばかりしてるの、やめなさい」と全否定になってしまう。「どんなゲームしてるの？　ママにも教えて」と言うお母さんのなんと少ないことか。

台所からリビングでゲームをしている我が子を眺めていると、「また知らない人とオンラインゲームでつながって危ないわ」と不安になるのでしょうけれど、最近では小学校低学年からITリテラシー教育が行われているので、顔の見える知り合いとしかつながっていない子がほとんどです。実際、小学生に「見知らぬ人もオンライングループに入れるんでしょう?」と聞いたところ、「そんな怖いことしないよ」とバッサリ否定されたくらいです。

だから「楽しそうだけど、それ誰とやっているの?」と何気なく聞いてみれば、「4組のAちゃんだよ」といった答えが返ってくるでしょう。親が善悪の決めつけをせずに均等に興味を持って、子どもから言葉を引き出してやれば、信頼関係も築かれていきます。

親は決して子どもに干渉せず、自分で考えさせること。そして、ゲーム=悪者と否定するのではなく、本人が友達と楽しくやっていると言うのならそれを理解してやること。実際に親御さん自身も、一度一緒にやってみるといいでしょう。子どもも親が興味を示してくれれば嬉しいですから、「ちょっとママ、やってみ」とコントローラーを渡して、やり方を教えてくれますよ。一度自分もやったことがあれば、レベルが上がったとかバトルが終わったといったタイミングで、「そろそろだよね」とやめ時を平和的に促すことができます。子どももニコニコと受け入れるはずです。

また別の事例では、中学生で1年生、2年生のときはずっとゲーム漬けで昼夜逆転気味になり、不登校を繰り返して「高校なんてどうせ行けない」と自暴自棄になっていたのに、3年生になって突然変わった子がいました。なぜかというと、「ゲームはダメ」と頑《かたく》なに否定していたお母さんが、その子の趣味として理解して、見守るようになったから。すると彼は、「ゲームは好きだしやりたいけど、高校に行かなくちゃと思ったんだ」と言って、英語塾に行き始めたのです。将来の夢が明確にできたことから、直近の対応策として英語塾に通わなければと自ら行動を開始し、それがきっかけで生活リズムを立て直し、受験に臨むことになりました。

親がすべきは、干渉しないこと、子どもを信じて一歩引いて見守ること。「あなたは全部わかっていると思うから、自分で考えてね」というアドバイスをしておけば、子どもは自分の頭で考え、変わり出すのです。

## †就寝時刻だけはゆずれない

重要なのは、夜9時あるいは10時と家庭で決めた就寝時刻を守ること。夕食と入浴を含めた生活リズムさえ守っていれば、その間にある自由時間は文字通り子ども自身が自由に使っていいと考えましょう。

小学校高学年にもなれば、「うちの夕食時刻は7時で、7時には家族全員が揃ってご飯を食べるのは知っているよね」「夜は9時に寝ないといけないことは知ってるよね」とだけ声をかければ、幼い頃からずっとやっていることですから、自分で時間のやりくりをするようになるはずです。小学生ではまだ自制の利かない子もいますから、ゲーム機のタイマー機能などを活用して、時間感覚をわかってもらう工夫が必要かもしれません。次第に自分で「7時に食卓に着けるようにするには、それまでにゲームを切り上げるために、○○をしなきゃいけないな」という考え方ができるようになっていきます。

親御さんは、我が子がゲームに熱中して夜遅くまで起きていても、宿題をやっていて夜遅くまで起きていても、同じように怒ってください。両者に差をつけてはいけません。それが子どもの親への信頼につながるからです。「父ちゃんや母ちゃんはとにかく夜寝る時刻だけは絶対に守らせたいんだな」と納得できれば、子どもは守るようになります。

繰り返しますが、学校と家庭は別です。学校での出来事は、親御さんには関係がありません。家のルールが「夜10時就寝」なら、「あなたがいくら勉強が間に合っていなくても、うちで暮らしたいのなら10時就寝だけは守らなければだめ」と伝える。親としてゆずれない、家庭での最低限のルールとして守らせることが大切です。

それでは勉強が間に合わない、という子には、「夜遅くやるのではなく、夕食後にだらだらする時間を短縮して、寝る時刻を早め起きる時刻を前倒しして、朝早く詰め込んでみたら」と伝えましょう。そのほうがずっと記憶に残るし、効率よく短時間で進められるし、結果につながりやすい。私がそういうアドバイスをしてやってみた子は皆、「このほうがいいや」と気づいて、朝勉強にシフトするケースは多いですよ。親御さんもびっくりするほど、実際の成績も上がっています。

先日、ある不登校だった高校生が、こんなことを言っていました。

「私、学校に行ってない時期は友達と毎晩グループ通話で話をするのが、一番楽しくてやめられなかったんです。でも、寝る直前まで大騒ぎしてしゃべっていると、そのあと興奮しちゃって寝付けないことが多いことに気づいたんです。そこで、友達と相談して、通話は夜8時までにしよう、ってことにしました。それで2時間クールダウンして10時に寝るようにしたら、ぐっすり眠れるようになって、今は毎日学校に行けてます」と。

ちゃんと自分の頭で考えて合理的な結論を出して立派だな、と思います。彼女のように、最終的には自分で気がついて納得し、修正できるマインドを作るのが目標です。この子は「学校に戻っても、以前のように友達とのちょっとしたトラブルでもう心は落ちないし、落ちたとしても回復できる自信がある」と言っています。この思考を最終的に作りたいのです。そのためには、子どもの好きなことを否定しないこと、信じて見守ること。

早寝早起きだけを徹底させて親御さんがびっくりしたケースは他にもあります。小学生の頃不登校だったのでアクシスに相談にきたのですが、中学生になって「うちの子が英語の期末テスト、学年3位だったんです！　信じられません」と。朝早起きするようになると、学校も休まなくなり、学年3位をとってきたというのです。このように変わる前は親御さんが過干渉で、だからなのかお子さんは宿題を全くしないし、自主的な勉強もしなかった。それが今では自らよく勉強して、「英語が好きだから」と言っているそうです。「私は英語が苦手なので、あの子に教えてもらおうかと思っています」と言っていましたが、そのように、親だからと上から目線にならず対等に実力を認め、時には「教えて」と頼ってみるような姿勢も、子どもの親に対する信頼につながっていると思います。

### †子どもとの信頼関係の秘訣は「おうむ返し」

親子関係を良いものに変える、つまり子どもとの信頼関係を築くためには、まずは勉強を押しつけないこと。そして、子どもが打ち明けてくる学校や友達の愚痴に、おうむ返しで接することです。

たとえば「Bちゃんにこんなことを言われて、めちゃ嫌だった。もう一緒に学校に行きたくない」と言ってきたら、「そうか、嫌だったんだね」と返す。小学4年生ぐらいになれば、「こころの脳」である前頭葉が育ってきますから、自分の気持ちを受け止めてもらえたと安心します。受け止めてもらえて、そこからその子自身の思考が始まります。「でも、Bちゃんとはこれまで仲良くしてきたしな」「これで絶交しちゃうのは、もったいない気がするんだよね」などと、その子なりの思考が口から出てくれば、大成功。親は自分の思う正論があったとしても口にせず、「そう思うんだね」とひたすらおうむ返しを続けましょう。

しかし実際にやってみると、簡単なようで難しい。皆さん、先回りして正論を言いたくて仕方がないんです。でも考えてもみてください。いくら子どもが失敗しないようにと親が正論を伝えても、子どもにとってそれは押しつけでしかありません。

結局は子ども自身が、自らのこころの脳を使って試行錯誤を繰り返しながら、友達との適度な距離感をつかんでいくしかないのです。ここはグッと堪《こら》えて、おうむ返しに終始し、子ども自身の思考が出てくるのを待ってみる。これは失敗したんだなと思っても、それをただ聞いて受け止めればいい。次に同じようなことが起きたときには、「前回より成長していると思うよ」と認める言葉をかけてやるのです。

そうしたやりとりを積み重ねていれば、子どもは「自分は親に認められている」「困ったことがあっても親なら受け止めてくれる」と安心し、なんでも相談するようになります。思春期になると親に隠しごとをする子が増えますが、それは親に話すと正論で論破されてしまうから。それが嫌だから隠すようになる、というのは当たり前だと思いませんか。小さな頃から、親に話せば必ず認めてもらえると感じている子は、思春期や反抗期になっても隠しごとはしません。

思春期以前でも、学校であったつらいことを親に言わない子もいます。なぜお母さんに話さないの、と聞くと、「だってお母さんに言うと、すごく悲しそうな顔をするから」とか「必ず言い返されちゃうから面倒くさくて」と言う。家庭では、子どもがどんなことも安心して話せる土壌を作ってあげてほしいですね。

土壌ができていれば「こころの脳」である前頭葉はぐんぐん育ち、思考力が飛躍的に伸びます。家庭における言語のアウトプットを頻回にさせることは、子どもの思考力を伸ばす最大の秘訣といえるほどです。反対に、親が正論を押しつけることは、せっかく伸びようとしている子どもの思考力を妨害する行為だと心得ましょう。

自分で考えるという行為は、学校のいわゆるお勉強、学習面でも最も大事な部分です。国語はもちろん、算数や数学でも文章を読んで自分で思考しなくては解けませんよね。家庭での会話を大事にすることで、思考の癖《くせ》をつけることにつながるのです。

## †親は子どもの「好き」に興味を持ち、自分の「好き」も貫こう

このように、日常生活のあらゆる場面に、子どもにとっての学習の機会は散らばっていますし、子どもは日々常に学習・発達を繰り返しています。それなのに、多くの親御さんは計算ドリルを何ページやったとか、漢字を何文字書いたといったことだけが勉強だと考えている。つくづく残念なことだと思います。

ドリルへの取り組みはいい加減で学校の成績は悪くても、自分の興味のあること、たとえばユーチューブで知ったゲームの攻略法や強いキャラクターを忘れないように一生懸命書き取っているのを見つけたら、「この子なりに学習しているな」「勉強のや

り方、わかってるな」と我が子の力を認め、信じてあげてほしい。親がそれに気づかないと、認めてくれる人はいないのですから。家庭は最高の学びの場なのです。

子どもの「好き」を増やし、世界への興味を広げていくには、そのための家庭での種まきが重要です。ただし、「子どものため」と思わず、親御さん自身が楽しいことを自由に楽しんでいるのを見せるのが効果的ではないかと思います。

我が家の場合、夫は歴史オタクで、古地図を部屋の壁に貼って嬉しそうに眺めているし、私は生き物が大好きで、近所の自然博物館の年間パスポートを持って通うほどです。娘が小さい頃はお母さんと一緒に出かけたいと、野鳥観察会についてきましたが、そこで圧倒的に盛り上がっているのは彼女ではなく私（笑）。そのうち娘も、「これは私の好きな分野ではないな」と気づいたようで、ついてこなくなりました。

一方、娘は夫と趣味が近いのか、あるとき歴史マンガにハマってそらんじるほど読み込んでいました。こうなると私の範疇《はんちゅう》ではないので、夫が歴史博物館などに連れ出しては深掘りしてくれていたようです。テレビでその時代の番組をやっていると娘が「ああ、それは××何世の……」と私が知らない知識を話し始めて、面白かったですよ（笑）。

私のもうひとつの趣味である演劇鑑賞に関しては、娘も親和性があったようで、私自身が好きな劇団のミュージカルをよく一緒に観に行きました。子ども向けに編集されたものではなく、通常の大人向けの劇です。難しくてわからないと言われれば私一人で行こうと思っていたら、彼女もハマって、『マンマ・ミーア！』や『レ・ミゼラブル』は6、7回観たでしょうか。

そんなふうに、親自身が自分の「好き」を追求していたので、娘も「好きなものは公言していいんだな」と思ったのでしょう、高校生になると好きな男性アイドルグループの話をうるさいくらいするようになりました。大学生になって一人暮らしをしている今も、「お母さん、このDVDは感動ものなので見てください」と郵送されてきたり。私自身は親との関係は正反対で隠れてレコードを買ったりしていたな、この子は全然違うなと思いつつ、送られてきたDVDにも一応目は通して、「見ましたよ」「△△がすごいでしょう！」「うん、まあ」といったやり取りをして、お互いに楽しんでいます。

こうなると親子関係はめちゃくちゃ楽です。勉強＝善、それ以外＝悪、と位置付けるより、子どもの好奇心の対象はあらゆるところにあって、その中に必ず学びがあると信じるほうが、親も子も楽なのです。ゲームを差別しないのもそのためです。世の中のほとんどの親御さんが気づいていない重要な点ではないでしょうか。

私が、娘の好きな男性アイドルグループに興味はないけど一応ＤＶＤを再生してみたように、子どもが熱中しているゲームに興味を示すくらいはしてもいいし、「へー、意外と面白いんだね」「ママもやってみようかな」と便乗してあげることも、脳育てには大事なのです。

最近は、iPadなどのタブレットで絵を描くのが上手な子も多いようで、相談者のお母さんが「うちの子の描く絵は本当にすごいんです。私も習おうかと思ったけれど、細かくて難しいので挫折しました」と話している横で、お子さん本人は嬉しそうにニヤニヤしている。いいですよね。

これだけ社会が急激に変化しているのです。私たち大人の尺度で、これが善でこれが悪だなんて、とても決められません。将来何が役に立つかわからないのですから、子どもが興味を示していることや熱中していることについては、全肯定とまではいかなくても、全否定だけはしないほうがいいと思うのです。

親が子どもの「好き」に興味を持ち、さらに「こんなに絵が上手なら、将来マンガ家になってがっぽり儲かるんじゃない?」と冗談ぽく言ってあげれば、子どもの中には将来像さえ見えてくるかもしれない。もちろんこちらは大人ですから、現実問題としてマンガで大成する人は一握りしかいないことはわかっています。でもそれを言葉にして伝えることで、本人は「そんな道もあるのか」と期待し、自分の将来を具体的にイメージし始めます。

子どもたちはすぐに検索して調べるので、「でも本当に目指すのなら、ものすごく努力しないといけないみたいだ」とか「相当に険しい道のようだ」などとわかってくる。それでもなおマンガ家を目指すのか、それとも絵は趣味程度にして、別の道に進むのかは、その子が自分で考え、納得した上で選ぶことです。

これまでアクシスなどでかかわってきた中には、小さいときからイラストが好きで美術大学にまで進んだものの、絵の仕事は見つからずに一般企業に就職して働いていた子もいます。でもその子は、何年か経って「やっぱり自分には絵しかない」と一念発起して、再度就職活動を必死に行って、出版社のデザイナーに華麗に転身しました。また一方では、自分は画家になるのは無理だけど絵を描くのが大好きで、少しでもそれに近い仕事がしたい、と工学系の大学に進んで設計事務所に就職した子もいます。

### †どんな言葉でも、まずは受け止めて

とにかく、子どもが言うことはとりあえず「いいね」「そうだね」と肯定しておくこと。それは、親としては決して肯定したくないようなことについても同じです。

たとえば学校から帰ってきた子どもが「あいつ、本当にぶっ殺してやりたいよ」と言ったとします。それだけ聞くと、社会的に許される言葉ではないかもしれません。でも「そんなことを言ってはダメです」と正論で否定してしまうと、「ああ、学校では言えないことをお母さんだから打ち明けたのに、やっぱり否定されるんだな」「もうお母さんに本音を言うのはやめよう」となり、攻撃的な気持ちが心の奥に溜まっていき、あるとき本当の攻撃として噴出してしまう可能性がある。ここでもやはり、お

うむ返しが有効です。
「ぶっ殺してやりてえ」と言う子に対しても、「ふーん、ぶっ殺してやりたいんだ」と、否定も肯定もせず、同じセリフを返すのです。脳が育ってきている子ならきっと慌てて、「何言ってるの、お母さん。本当にぶっ殺したりはしないけど、そういう気持ちだってこと」と言い訳をするはずです。それこそが、彼の中で思考が始まっている証拠。まずは家庭という何を出しても許される場所で攻撃的な心情を吐き出させ、そこから自らが考え、それはまずいという結論に達するように促す。それこそが家庭における親の役割ですし、それができないと、親子関係もうまくいかなくなってきます。

大事なことなので繰り返しになりますが、言葉を出すというのは、それだけで脳を育てる行為です。子どもには、よい言葉であれ、よくない言葉であれ、正しい思考であれ、間違った思考であれ、なんでも出させることが大切です。そしてそれらすべてを「そう考えるんだね」と受容していくと、こころの脳がちゃんと育っている子なら、こちらが押しつけなくても、自ずといわゆる正論に辿り着いていくのです。アクシスに相談に来る子たちに対しても、この「受け止め」を徹底して話を聞いていますが、そのように話させていると必ず彼ら自身で正論に辿り着くので、面白いですよ。

ある高校生の男の子が、学校のクラスメイトについて愚痴をぶつけてくる時期がありました。「あいつ、俺に目を付けていつも嫌なこと言ってくるんだよね。本当に嫌なんだ。あいつがいるから学校も行きたくないしさ」と言う彼に対し、私たちは「そうなんだ、大変だね」「そんな嫌なやつがいるんだ」とおうむ返しに終始していたのですが、そのうち自己受容が済んだのか、「だけど、あいつみたいなやつにいちいち突っかかってると、俺って衝動性高いから殴っちゃったりするんだよね」と言うようになった。確かに過去にそういうことが重なって、先生から何度も注意を受けていたようでした。そこからの発言が出色です。

「俺がそうやって手を上げちゃうと、内申点が悪くなる。結局それって自分が損をするんだよね。だから、本当にムカつくけど、グッと我慢したほうがいいんだよね」「そこまで考えられるんだ」と感心して応じると、「俺も成長したからさ」と。さらには「あいつら早寝をしてないから、ああやってイライラするんだよね」とまで言う。

面白いですよね。

大人が先回りしたり、親の価値観を押しつけるのではなく、子どもの気持ちをただ受け止めて見守っていると、子どもは自分で考えて、自分で答えを出していくのです。

この男の子が言っていたように、高校生ぐらいになると、損得勘定が芽生えて「人に迷惑をかけたり暴力を振るったりすると、自分が損をする」ことがわかってきます。これは、社会で生きていく上で、非常に大事なことです。

なぜ人を刺したり殺したりしてはいけないのか。倫理に反するからというのはもちろんですが、それ以前に、それをすると刑務所に入ることになって夢が潰《つい》える、自分が損をするからです。自分の幸せや自己実現への道が阻害されるからやらない、という発想は、自己肯定感が十分に育っているからこそ生まれるもの。親はつい子どもの自己肯定感を無視して、倫理だけを押しつけようとしますが、「人を殺しちゃいけない」という否定から入る押しつけは、子どもに自己否定感を植えつけてしまいます。

日頃から「あなた、そんなこと言っちゃダメよ」と言われ続けていれば、「自分はこんな年になっても親に注意される、ダメな人間なんだ」と思い込み、かえって自暴自棄になる可能性がある。成人期になって、短絡的に犯罪行為をしてしまう人には、そうした自己否定感が拭《ぬぐ》えず、自分で考え、自分で答えを見つけられずに育ってきたケースが多いのではないかと見ています。

## †「こころの脳」が育てば勉強も伸びる

だからこそ脳育てはとても大事。そして、「こころの脳」は学習と並行して伸びていくので、中高生になって遅ればせながら「こころの脳」が育ってきた子は、同時に親がびっくりするぐらい勉強をし始めます。

中学までまったく勉強をしなかった我が子がいきなり猛勉強し始めて、驚いたお母さんが「勉強してるんです、うちの子！」と言ってくる話はいくらでもあります。そんな子ども自身に、「最近、勉強してるんだって？」と声をかけると、「そりゃあそうでしょう。だって中学まではどんな悪い成績とってても卒業できるけど、高校はそういうわけにいかないんですよ。単位が取れないと留年するし、大学の指定校推薦は赤点取ってたらもらえないんですよ。知ってますか？」なんて真顔で返してきます。

またある子には、同じように「お母さんが言ってたけど、君、勉強するようになったんだって?」と聞くと、ちょっと怒ったように「先生、俺、今特進クラスですよ」と返されました。驚いた私が「えっ、小学校の時、ちょろちょろ教室の中を立ち歩いてたのに?」と聞くと、「先生、何言ってるんですか。高校生になってまでそんなことやるわけないじゃないですか」と呆《あき》れられました(笑)。こころの脳が育っていれば、そのくらい変わるものなのです。

みんな、家庭で伸ばしてもらった子たちです。学校では0点ばかりだったし、中学までは生活もぐちゃぐちゃだった。でも親御さんたちは、うちの子はできると信じ、「家で全然勉強しないんですよ」とニコニコしながら言っていた。それが高校になんとか入学して、そこから人が変わったように勉強し始め、特進クラスに進んだりしているのです。

彼らが唯一守っていたのは、早寝早起きでした。だからいわゆる自主勉強はしていなくても、脳はちゃんと育っていたのです。脳が育っていれば、子ども自身が「これじゃいかん」と気がついて、変わるのです。

中学まで不登校とか、学校には行っていても注意欠陥で授業が全然頭に入らず、テストが0点だったような子たちは、高校に入って「中学までの基礎ができていない」と愕然《がくぜん》とする。そしてそのことにショックを受けた途端、自分で頑張り出すのです。

親に頼んで、中学の復習からしてもらえる個人塾に通い始める子もいれば、書店で中学の総復習ドリルを自分で買ってきてやり始める子、放課後に職員室に押しかけて先生に「ここを教えてください」と頼み込んで教えてもらう子など、みんな本当に必死です。親はもれなく「うちの子、なんと勉強しているんです！」と驚いていますよ。

ですから、親はとにかく我が子を信じて待つことです。もしかしたらこの子は一生勉強しないかもしれないという諦《あきら》めを胸の端っこに抱きながら、それでも社会でちゃんと生きていければいいのだと思うこと。「ありがとう」と「ごめんなさい」が言えて、最低限の礼儀ができていれば、生きてはいけますから。

## †親離れが自然に進む子どもに育てる

そのために私が親御さんによくおすすめしているのが、一人旅です。

実際に自宅から60キロメートル離れた町まで自転車で旅をした中学生、一人で青春18きっぷの旅をする高校生の話も聞きました。いずれも親御さんから「子どもが旅に出たいと言っているんですが、心配で。大丈夫でしょうか」と相談を受けて、「信じよう、頑張って」と背中を押した人たちです。やはり道中いろいろと困ることが起き、見知らぬ人に「助けてください」と言わざるをえない局面もあったようです。そこで親切な人に助けてもらったりして、見違えるほど成長して帰ってきたと言っていました。学校では決して学べないことをたくさん学んだのではないかと思います。こころの脳が、さらにぐんと成長したことでしょう。

そうした意味で、一人旅は大変おすすめです。高校生くらいになったら一人で海外に出してみるのもいい。ものの見方が大きく変わり、視野を広げるチャンスです。親の方にもそれなりの勇気や覚悟、諦めが必要ですが、我が子の意外な一面を見ることができるでしょう。

一方で、「怖い」と言って海外に行きたがらない子も最近は多いようです。家から出たくない、一人暮らしなんてしたくないという大学生も増えていますが、やはり年頃になったら喜んで一人旅に行きたいと言える子、親から離れたいと思う子に育ててやるのが、親の務めだと思います。親と離れたくないというのは不安の証拠。過干渉な親が何から何まで先回りしてお膳立てしてきたために、社会に出たら自分は生きていけないのだという感覚、自信のなさを刷り込まれてしまっているのです。自分は大丈夫、どこへ行ってもやっていけると自信を持っていれば、フットワーク軽く出ていけるはずです。

たしかに親といれば安心かもしれませんが、一方で口うるさいし、やらなきゃいけないことがたくさんある。それよりは、親から離れて自由に自分の世界を築きたいと思うのが、若者の自然な心理です。

共働きの我が家では、娘が幼い頃から、ペアレンティング・トレーニングの一環として、家事の役割分担を徹底していました。娘は家族全員の朝食を中学生の頃から作っていましたし、大学受験の浪人中はほとんどの家事を任せて彼女が担っていました。本人は「不幸な私は、灰かぶり姫のようにお母様のお世話をしなければならない……」と、芝居がかったセリフを言っていましたが（笑）。

あらゆる脳の部位を駆使しなければできない家事は、絶好の脳育ての機会、脳トレになります。多種多様な家事をこなすには、時間配分を考えなければなりませんし、いくら料理が好きでも一日中台所に立っていては、受験勉強の時間が確保できない。できるだけ短い時間で効率よくこなすにはどうしたらいいか、脳をフル活用しての工夫が必要です。

親としても、浪人生の娘に家事を任せるというのは、相当な覚悟が要りました。もし家事が負担になって、もう1年浪人するようなことになったら、きっと親として後悔するだろう、と怖かった。それでも信じようと覚悟を決めて、任せたのです。

## 不合格もあれば、失敗もあると心得る

我が子に中学受験をさせる親御さんの多くは、絶対にこの子を合格させなくてはと思うあまり、生活全般の世話を引き受け、時には先回りするほど世話を焼いているのではないでしょうか。でも、大事なのは落ちるリスクを片っ端から排除することではなく、「それでも落ちる可能性はある」と覚悟しておくことではないかと思います。

どんなに受験勉強に打ち込んでいたとしても、確率として、我が子が受験校の合格に縁がなく、地元の公立校に行かざるを得なくなる可能性はあるわけです。それなら「公立に行けば、近所のC君も一緒だし、きっと楽しいよ」「嫌だったら受験しないで、初めから公立にしたっていいんだよ」と声をかけるという選択肢もあるはずです。

特に中学受験の場合は、たとえ不合格でも、近くの公立中学が待っていてくれています。落ちてしまったお子さんには、「公立があってよかったね、ラッキーだね」と言ってあげればいいのです。それなのに多くの親御さんは、受験する前から子どもに「公立中学は良くないから私立を受けようね」と、選択肢を潰し、公立中学がいかにダメかを吹聴している。それでは自分も子どもも苦しくなるに決まっています。さらには、親のほうが「全部落ちたら地獄だ」「ママ友からどんな目で見られるかわからない」「私のプライドがへし折られる」などと思い込んでいる。子どもを自分の小道具に使ってしまっている悪例です。

すでに述べたように、子どもの受験は家庭生活外の問題です。つまり親のあなたと我が子の受験はまったく関係がないのです。それなのに、子どもの合否と自分のプライドを一体化し、共依存に陥っている。それこそが大きな問題だと思います。

中学受験に臨む親が押さえておくべき基本のスタンスは、①子ども自身が「この学校は楽しそうだから行きたい」と前向きに言っている、②塾代や授業料を出せる経済的余裕がある、③落ちたら公立に進むことも折り込み済み、④子どもの合否は親の私とは関係ない、この4つです。これらを心得ていないと、親子関係にトラブルが起きてきます。

今、首都圏でいえば、多くの私立中学があり、どんな子でもピッタリくる学校が必ず見つかると言えるほどです。親が塾の言いなりになり、偏差値だけを見て難しい学校を目指させるのをやめて、学校の勉強プラスアルファくらいで入れて子どもが本当に楽しくニコニコ過ごせる学校を探すようにすれば、中学受験はそんなに大変なことにはならないはずです。もちろんそれでも落ちる可能性は折り込んでおき、合格できたら「よかったね」と言って入ればいい。

終章の対談でご一緒する中曽根陽子さんもおっしゃっていますが、「失敗力」も子どもの人生にとっては非常に大事です。頑張って勉強したけれど受験に失敗したとしても、その失敗体験は必ずその子の将来にとってプラスになります。

そのためには親御さんが、我が子の不合格を自分事のように落ち込んだりせず、「いい勉強になったね。今回の経験はきっと今後活《い》かせるよね」と笑顔で前向きに伝えること。こころの脳が育ちつつある子なら、そう言われれば自分なりに反省して、「うん。確かに、最後の追い込みが足りなかったと思うんだよね。だから高校受験のときはもう少し早めから勉強するようにするよ」など、次の目標にさえ言及するかもしれません。

でもそこで親が期待しすぎてはいけません。子どもはそのときはそんなふうに言っても、結局はできないことのほうが多いのです。「あのときこう言ったのに、やってないじゃないの」とヒステリックに責めないよう、心の中では「どうせできないだろうけどね」くらいに構えておく。さもなければ結局、親子ともどもまた苦しい世界に落ちてしまいます。

たとえばこんな事例がありました。中学3年生の子が、「勉強に集中するのに邪魔だから、お母さん、僕のスマホを預かっていて。勉強に疲れたとき30分だけ返してもらってゲームで気分転換したら、また戻すから」と自分から宣言したので、お母さんは「自分でそこまで決めて、偉いね。わかったよ」と喜んでいたのですが、案の定、2か月後には30分だけと思ってスマホを渡したら、2時間ぶっ続けでゲームをやってしまった。「自分から言ったくせに」とカッとなったお母さんが責め立てたところ、子どもはパニックに陥《おちい》り、関係が悪化。以後、勉強に向かわなくなってしまうわ、口も聞いてくれないわで断絶状態になったといいます。

これは、我が子の言葉を鵜呑みにしたお母さんの責任です。それまでの2か月間、30分でちゃんとスマホを返していたことのほうを褒《ほ》めるべきでした。「今までのあんたならあり得ないよね、すごいね」と認めていれば、ある日に2時間やってしまっても、「これが元々なのだから、驚いたりはしない」と笑顔で対応できたでしょうし、そんなお母さんの大らかな態度を見た子どもは、「明日はそうならないように、頑張ろう」と思えていたはずです。それを「ほら、あんたはやっぱり約束を守れない」と頭から言われてしまっては、その言葉が呪いとなり、「やっぱりお母さんは僕を信用していないんだ」とやる気をなくしてしまいますよね。

## †抽象的な価値は行動で示す

繰り返しになりますが、家と学校は根本的に違う場所です。子どもの勉強は、親との生活とは関係のない外の世界の話なので、やってもやらなくても関知しない。その代わり、家庭生活内での学びはどんどん提供し、子どもが学んだなと感じたらそれを言語化して認めてやること、そして子どもの話を聞いてやることは怠らない。それだけで十分だと思います。

親は誰しも、我が子にはこう育ってほしいという「軸」を持っています。絶対に譲れない第一の軸は、「夜は早く寝ること」「朝は早く起きて日光を浴びること」「3食きちんと食べること」。第二の軸が、「死なないこと」「死なせないこと」です。自分が死ぬようなことはしてはいけないし、誰かを死なせるようなことをしては絶対にダメ。

これらについては、どなたも異論がないと思います。これに加えて、家庭ごとに「こういう子になってほしい」という第三の軸をお持ちのことでしょう。しかし、世

親が持つべき軸

第一の軸
夜は早く寝る
朝は早く起きて
日光を浴びる
3食きちんと食べる
第二の軸
死なない
死なせない
第三の軸
「こういう子に
なってほしい」
具体的に子どもに
説明できるものに
○
「自分より
弱いもの
を優先」
△
「思いやり
を大切に」

の中のお母さん・お父さんを見ていると、その方針の方向を間違えている方が非常に多いと感じます。

　たとえば、「思いやりを持つこと」を軸に据えている、と自信を持っておっしゃる親御さんがよくいるのですが、これには実は意味がありません。

「思いやり」というのは、非常に抽象的な言葉です。親の思う思いやりと、息子が思う思いやりは基準が違うかもしれない。親自身も、あらゆる人に対して同じ思いやりをかけているかと顧みれば、きっと違うはずです。会社でいつも自分を助けてくれる同僚と、割りの悪い仕事ばかり振ってくる同僚とでは、何かあったときにかける言葉は違うし、手伝う際の重みづけが多少なりとも変わってくるのが人間です。

そうした細かな差異をすべて具体的に言語化して、子どもに伝えるのはどう考えても無理ですし、子どもの学校での友達の関係の軽重など親が知り得るはずもない。それを一律に「思いやり」と言っても、子どもが迷うだけなのです。

「思いやり」とか「優しい」といった主観的で抽象的な価値は、子どもが経験を重ねながら、自らの前頭葉で築き上げていくものです。家庭での大人の役割は、その種をまくこと。

たとえば普段から家でお風呂掃除を任されている子どもが、試験直前、机に向かって必死に勉強していたとします。それを見たお父さんが、「今日は時間があるから、お父さんがお風呂掃除をやっておくね」と言ってくれたら、子どもは「ああ、お父さんは私を思いやって代わってくれるんだな」と思いますよね。お父さん優しいな、すごく助かるな、と身をもって感じ、自然と「ありがとう、助かる」という言葉が出てきます。

さらに、これが思いやりというものだなと、具体的な「思いやりの基準」がその子の心の中にできていく。脳の中に実感をもった言葉としてインプットされ、価値があるものとして固着していく。そうしたことの積み重ねによって、次は誰かが困ったときに自分も思いやれるようになろう、と連鎖していくのです。

また、親御さんに思いやりをかけてもらったと認識した子どもは、今度は「お母さん、今日は私が買い物に行っておいたよ」とお返しをしてくれるかもしれません。そのときは親のほうから「ありがとう」とお礼を伝え、「それが思いやりというものだね」と言語化すれば、子どもの中にしっかりと「思いやり」の価値や概念が入っていきます。

つまり、我が子に本当に思いやりを持ってほしければ、親は「思いやりを持ちなさい」と抽象的な言葉で表すのではなく、家庭内で具体的な行動として示すことです。そうすれば、子どもは自らのボキャブラリーの中から言葉を探し当て、次に自分でもその行動が取れるように脳と心に定着させていくでしょう。思いやりや優しさを身につけさせるには、親の努力が必要です。

## †「嘘をつかない子」は生きていけない？

ちなみに我が家では「自分より弱いものを優先しよう」を第三の軸に立てました。弱いものとは具体的には、飼い犬2匹と、私の担当する患者さんです。「あなたは健康で口も利けるけれど、犬たちは言葉が話せないからつらくてもお腹がすいていても、正確に訴えることができない。患者さんたちも病気なので、あなたよりも弱い。だから患者さんの具合が悪いときは、いくらあなたと遊ぶ約束をしていても患者さんのところに行くし、お腹がすいた犬のことをあなたよりも優先します」と、娘が2歳ぐらいのときから具体的に伝えていました。

年老いた祖父母が遠方で暮らしているなら、「お正月とお盆は必ず家族全員でおじいちゃんおばあちゃんのところに遊びに行きます」というのでもいいでしょう。おじいちゃんとおばあちゃんは二人きりで寂しいから、毎年様子を見に行くのが当然なのだ、と行動で示し、子どもの脳にインプットしていく。そのほうが「思いやり」という抽象的な言葉を押しつけるより、ずっと子どもにはわかりやすいのです。

そのほか、よく聞くのが「嘘をつかない」を軸にしているというご家庭です。一見正しいようですが、実はこれも大問題です。方便としての嘘がつけないような子は、社会で生きていけないからです。

このまま学校や会社に行くと体調が悪化しそうだな、という程度の未病の状態で休みをとりたいとき、「明日風邪をひきそうなので休みます」とはさすがに言えませんよね。「すみません。親の調子が悪くて看病したいので休みます」などと嘘をつくことになりますが、それは自分のからだを守る上でとても大事なことです。

友達と遊びに行く約束をしていたけど、前夜の飲み会で飲みすぎたから行きたくないな、というとき、そのまま伝えたら友達が気を悪くするだろうから、「ごめん、ちょっと母から用事を言いつけられちゃって、どうしても行かなくてはいけなくて」と断るというのも必要な嘘です。嘘をついてはいけないと刷り込まれてしまったら、そういうときどうすればいいというのでしょう。

私の娘は、高校3年になる前に突然部活を辞めたのですが、その理由を「友達同士のちょっとしたトラブルがあって」と親には話す一方で、表向きの友達には「飼い犬が死にそうで、介護に専念したいから部活を辞めます」と伝えていたようです。犬の介護を頑張っていたことも本当で、よく考えているな、ちゃんと脳が育っているな、と思いました。世間的には嘘をついているのかもしれませんが、家庭内で「友達にはこう言ったけど、本当はこうなんだ」と包み隠さず言えていたのですから、問題ありません。社会に出る上で、嘘を方便としてうまく使えるというのは大事なことです。結果的に娘はその部活の友達と仲違いすることもなく、今でもとても仲良しです。

## †子どもを信じて論理的に話す

子どもとのコミュニケーションで大事なのは、どうしてそうするのかという理屈（ロジック）を論理立ててやり取りする癖《くせ》をつけることです。

大人はとかく、ロジックのない矛盾する言葉を子どもにかけがちです。学校から帰ってきた子どもが嬉しそうに「これからDちゃんと遊びに行くんだ」と言っているのに、「部屋が散らかっている人は、遊びに行ってはいけません」とか「宿題をやってからね」と言ってはいませんか？　よく考えてみてください。部屋が散らかっていることと、遊びに行ってはいけないことは、論理的にまったくつながりませんよね。こういう矛盾したことを言われても子どもは納得できないし、論理的に思考する力が育たなくなってしまいます。

前の章でお話ししたように、子どもは5歳までは原始人なので、親は大人として危険を取り除くなど生きていくために必要な保護をして丁寧に導いてやる必要があります。しかし「おりこうさんの脳」が育ってきた小学校高学年以降にもなれば、親は2、3学年上の先輩といった立ち位置に徹して対等に接するべきなのです。その際、ロジカルなやり取りが効果を発揮します。家庭で普段から論理の通った言葉かけをされていれば、子どもは納得して、自らも論理的な言動をしようと心がけるようになります。

たとえばこんな事例がありました。ある高校生が、友達と遠くの町で行われるコンサートに行こうと計画しました。親に言えば、きっと「子どもだけでは危険だ」と反対されるだろうと考えたその子は、①交通手段やコンサート会場への行き方などの旅程をきちんと作成し印刷して提示、②要所要所で必ず親に連絡を入れる、③同行する友人の連絡先やその子の保護者に許可をもらっている証明、などを明文化してお父さんに提出したというのです。そこまで論理的に考えているのなら大丈夫だろう、こちらも反対するロジックがない、とお父さんはコンサート旅行を許可したそうです。学校では赤点しか取ったことがなかったというその子はその後、現役で志望大学に合格しました。学校の成績に関係なく、いわば「地頭」が育っていたからでしょう。

学校での成績や評価がどうであろうと、家で与えられた役割をちゃんとやっていれば、「おまえは偉い」でいいのです。学校の成績は悪いけど、家庭の生活はこなせていて頭はかなり使っているのだから、頭が悪いというわけではないはずだ。学校でその頭の良さが発揮できていないだけだよね、と本人に伝えてもいいでしょう。いつか両者が統合されて、学校でも家でも力が発揮できるときが来るだろうと信じて待つ。「家では最高だから、学校でもそうなったら最強だね」と伝えれば、子どももニヤニヤしながら「自分は後伸びだからね」とか返してきたりする。そんな関係になれば、親も子どもも心の余裕が保てます。そうした心持ちを獲得できれば、子どもは「親に信頼されている」と自信がついて伸びるし、親業としてもめちゃくちゃ楽になることを、ぜひ覚えておいていただきたいです。

親はどんどん手を放し、子どもはどんどん自分で考え、社会に出ていく。それが自然の摂理です。ですから、「親御さんが頑張らなきゃいけない」と塾から言われるような中学受験は、その真逆になってしまう可能性があると知ったうえで、注意して取り組んでいただきたいと思います。

長く幸せでいられる脳は、必ずしも中高一貫校に進んで、いい大学に行くことによって得られるものではありません。もちろん、そういう人もいるでしょう。でも子どもの特性によっては、大器晩成型を目指してのんびり育てるという選択肢もあるはずですし、それは親にとってはお金も手間もかからず楽しい方法かもしれません。

第４章

# 子育てのゴールはどこにあるか

## †思春期の反抗期は「こころの脳」が育った証

子育てのゴールはどこにあり、いつ訪れるのか。それは、「からだの脳」から「おりこうさんの脳」が育ち、さらに、自ら考え、行動する「こころの脳」が育ったと確信できたとき。親の子どもに対する信頼が満タンになり、心配がゼロになればもう大丈夫です。いわゆる子どもが自立した状態になることです。

人間の脳は科学的には18歳ごろまでに一旦育ち上がるので、高校を卒業する18歳で大学に入学したり、社会に出たりするというのは、理にかなっています。こころの脳が十分に育った子なら、自分から「俺、出ていくわ」と自立していくでしょう。

サルの群れをイメージしてみてください。幼いときは母親と一緒に群れの中で守られて過ごす子ザルも、とくにオスザルは成長すると群れを離脱し、新しい群れを作りますよね。もしくはボスザルを倒して群れのリーダーの座につく。1つの群れの中にボスザルが2匹いることはありません。つまり、家庭で育まれた子どもは、育ち上がった段階で自発的に家庭を出て、新しい家庭をつくる。これが動物としての人間のことわりなのです。思春期になれば、「こんなリーダーの下は嫌だ」と反抗したり、「親と同じような家庭を作りたい」と将来を想像したりして、自立を考え始める。

そのことわりに沿うことが子育ての一義的な目標のはずですが、それができないために、18歳を過ぎても家庭に引きこもる人が増えている。子どもが引きこもりになる＝種としてのことわりをなぞることができていない、ということは、こころの脳がきちんと育っていない証拠だと考えていいと思います。

最近の高校生や大学生と話をしていると、「家を出たくない」「一生家にいたい」「一人暮らしは嫌だ」など、いつまでも家庭にしがみつこうとする子が非常に多くて驚きます。「反抗するのも面倒だし、親に従っていれば間違いないし」とまで言う子もいます。自分で考えて行動するより親の言う通りにするほうが楽だと考える、反抗期のない子どもが増えているのは異常な事態だと思います。

こころの脳が正常に育っていれば、思春期を迎えた子どもは親に反抗するものです。何かと親にたてついてくる子どもに対して、親は「何を言っているんだ」と論破しようとする。それを聞いた子どもは、またムキになって応酬する。この口げんかは、前頭葉の働きを伸ばすために必須と言っても過言ではありません。思春期における子どものそのような反抗は、ごくノーマルな発達段階として推奨されるべきだと思います。

こころの脳が十分に育っておらず、自分の頭で考えて言葉を出すことができない子は、それが物理的な暴力として出てしまいます。壁に穴を開けたり、親に手を上げたり。反抗期にはある程度仕方のない部分もありますが、やはり基本は言葉の応酬として発散させるべきです。出てくる言動がたとえ未熟な論理でも、親に対して「俺は（私は）こう思う」と自らの論理を主張し始めることは正常な発達と捉えて、「ああ、こころの脳が育っているな」と喜んでやりましょう。

### †子どもとの会話はロジックで攻めよう

娘が中高生のとき、我が家では日々凄まじい言葉の応酬が繰り広げられていました。なにせ髪型に最もこだわりたい年頃です。娘が使い終わった洗面所に、髪の毛が何本も落ちているのは日常茶飯事でした。それを見た私が思わず「これ、あんたの髪の毛だよね。洗面所を使った後はちゃんと捨てておいてね」と声をかけると、「えっ、これが私の髪の毛だと、どういう理由でわかるのですか。私の髪は真っ黒だけど、お母さんのは茶色い。この髪の毛は電灯で透かすと、茶色じゃないですか」と言い出す。また言い返してきたな、と思いつつ「あんたの髪の中にも、茶色い毛が1、2本混じってる。ほら」と返す。そんな応酬をずっとやっていました。些末《さまつ》なダメ出しのやり合いかもしれませんが、相手の返しにどう反論するか、瞬時に考えなければいけないので、前頭葉が鍛《きた》えられていたことは間違いありません。

ここでも私は「洗面所はちゃんときれいにしなさいね」といった抽象的な注意の仕方はしませんでした。「落ちているこの髪の毛はあんたのだよね」と具体的に指摘し、考えさせる。壁に水が飛び散っていても、ただ「拭《ふ》きなさい」と命じるのではなく、「30分前に私が使った後に拭いたのだが、あなたが10分前に使った後に濡れている」など、具体的かつ論理的な言葉がけになるように常に意識していました。

我が家でもう一つよくやっていたのが、ダジャレ合戦です。ダジャレは同音異義語が基本なので、「その箱は四角い」「死角だ、見えないところがある」……などとひたすら言い合っていると、語彙《ごい》力が鍛えられます。こちらも瞬時に返せるよう頭を使いました。
このように「『ああ言えば、こう言う』の年代になってきたな」と心で喜びつつ、楽しく応酬してやれる余裕が親御さんにあると、子どもの脳はどんどん育ちます。生活の中で、子どもが頭を使って考えるきっかけを積極的に見つけて刺激してあげるような言葉かけをすると、子どもの口から出てくる言葉も具体的で論理的になってきますよ。

ロジックが入りにくい、苦手なお子さんも中にはいるでしょう。そういう子にも、家庭での言葉かけの工夫が有効です。たとえば、アサガオの観察日記で、葉っぱの枚数などを具体的に描写できていないなと思ったら、家で「今日のおかずの唐揚げは1人何個?」と数字で答えられるように聞いてみる。「4個だよ」と返事がきたら、「お父さんだけ5個だね。なぜだと思う?」などと、子どもが数字を意識して考えられるような具体的な会話を展開してみましょう。同じことを伝えるにも、「お父さんだけ唐揚げちょっと多いんだよ」では、量が「ちょっと多い」と抽象的になってしまってわかりにくいし、「なんでお父さんだけ多いの?」「お父さんは偉いからね」といった

子どもとの会話はロジカルに

ロジックの通らない会話で終わってしまっては、数字の感覚はつかないし、論理的な作文能力も伸びません。

家庭だからこそ、子どもと密な関係で、実体験を伴ってさまざまな感覚を学ばせることができるのです。繰り返しになりますが、これは家庭でしかできない、親御さんがすべき脳育てです。学校の先生が、30人のクラスの一人ひとりを注意深く見てその子に合った指導をすることは難しい現実があります。ぜひ日常生活のあらゆる場面で、我が子の特性や興味をよく見て、頭を使って思考する機会を捉え、思考力を伸ばしてあげてください。

そのように、できるだけ具体的な表現で会話するように心がけると、子どもの中にも論理的思考が育ち、「ああしたい」「こうしてほしい」という意思疎通が通じないゆえの親子の衝突や無駄な言い争いが減っていきます。抽象的な「お母さんムカつく」ではなく、何事も具体的に考えられるようになるのです。

ちなみに私の娘は忘れ物が多く、とくに水筒をきちんとその日に持って帰ってこないことがほとんどでした。こういうとき、「なぜ持って帰ってこないのか」と叱っても本人に響かないことはわかっています。そこで私は、「うちには水筒は全部で2本あるはずなんだけど、今1つもない。なぜだかわかる？」と投げかけるようにしていました。ここでもロジックで攻める。するとへこたれない娘は、「あ、2本とも学校にあるからだ。いいよ、学校でざっと洗って、水道水を入れて飲むから」と返していました。水筒の在りかが具体的になるとともに、自分なりの解決方法もあみ出している。脳をちゃんと使っているな、と安心したものです（笑）。

消しゴムを忘れたり、宿題を忘れたりと、忘れ物問題は子育てにつきものですが、忘れて困ったら、どう対処するか自分で方策を考える。それは本人の脳を育てることでもあります。親があれこれ心配しても意味がありません。うちの娘は、忘れてもまったく困らない性格で、後年、「あんた、忘れ物が多かったよね」と言うと、「そうなんだよ。でも全然困らなかった。消しゴム忘れた！と言うと、いつの間にか5個くらい友だちが机に置いてくれて」と言っていました。自分が困ったときに、周りに「助けてください」と表明することも、社会に出れば大切になってきます。

こういう話をすると、「それでは貸した子どもの消しゴムが減ってかわいそうじゃないか」と言われることがあります。「うちの子なんて、いつも人に貸してあげていて、そのたびに消しゴムが黒くなって返ってくる。本当に迷惑です」と。

でも、そこにも社会で必要な学びがあります。不用意に人に物を貸すと不利になると学んだら、次は「ごめん。今日は貸せない」と断ればいいのです。そうすれば借りた子も「わるいことをしたな」と反省できるし、「この間消しゴムを借りて助かったから、お礼にシールをあげる」といった別のやり取りが生まれるかもしれない。

学校生活で起こるすべてのことは、勉強です。社会には忘れ物ばかりしている子もいれば、真面目に持ってきている子もいて、貸せば損をすることもある。大人になって友だちから「100万円貸して」と言われて、「いいよ」とポンと貸してしまったら大変なことになりますから、消しゴム程度で勉強しておくのは重要です。学校とは、算数や国語を教えてもらうだけでなく、社会に出るまでに知っておくべきことを身をもって学べる場所でもあるのです。

## †親からの絶対的信頼が強い武器になる

ただ、社会の最小単位はやっぱり家庭です。学校よりまずは家庭の中で「ありがとう」「ごめんなさい」「おかげさま」が出るようにしておくことが外の社会に出ていく際にとくに大切だと思います。どんな些細《ささい》なことでも、相手に何かしてもらって自分が「助かった」と思ったら、必ず「ありがとう」を伝える。それができていないと、次の段階の社会である学校でもうまくいきません。

家で学校の勉強を重視しないほうがいいというのは、そこにも理由があります。子どもが「お母さん、テストで100点をとったよ！」と見せてきても、親は「ありがとう」とは言いませんよね。でも、お母さんが仕事から帰ってきたとき、玄関の靴がすべて片付けられ、掃き清められていたらどうでしょう。「玄関、片付けてくれたの？　ありがとう」と、自然と感謝の言葉が出るはずです。後者のやり取りこそ、家庭でしかできない、やっていただきたいことなので、勉強より重要なのです。

家庭での親の第一の務めは、家という社会の最小単位において、子どもが自分なりにどんな役割を果たせるかを、自ら見つけてできるようになってもらうことです。最初は「やってみて」と頼んだり、役割分担を決めたり、作業のやり方を手取り足取り教えたりすることから始めることになるかもしれませんが、子どもがそれを果たせたときには、親が「ありがとう」「あんたも思いやりが身についたね」と口に出して伝える。そうしたやり取りを通して、子どもの中に「思いやり」という抽象的な概念が行動とセットで入っていきます。記号としての「思いやり」という言葉を子どもに教えたければ、生活の中のありとあらゆる具体的な場面を言語化していく必要があり、これはなかなか大変な作業です。家庭でやることが多すぎて、とても塾なんて行かせている暇はないと思ってしまいます。

たった1人か2人の肉親に絶対的に認められているという自信は、子どもにとって強固な武器になります。学校で接する先生や友だちからの肯定も、子どもの自信を育むのには役立ちますが、それだけで自己肯定感を維持するのは難しい。どんなに学校の先生が「おまえ、思いやりがあるな」と言ってくれたとしても、およそ30対1という学校での流動的な関係性と、家庭での1対1、1対2の密で固着した関係性では大きな違いがあります。

とくに自我が揺らぎやすい思春期には、親からの絶対的信頼が必要です。いつも自分を気にかけてくれる大人に認められているという確信が持てれば、子どもは「もう私は大丈夫」と安心して自立に向かっていける。だからこそ親御さんには、子どもとの付き合い方の視点を心配から信頼へと根本的に転換してほしいのです。

子どもが自らの人生をしっかりと見つめ、家庭から社会へと出ていくためには、健康な親子関係がとても重要です。親御さんの誰もが子どもと良い関係を築きたいと思っているはずです。でも、家庭での言葉のかけ方や気持ちの方向性が間違っているゆえに、子どもに届いていない。

とくに子どもの中学受験に躍起になっている親御さんには、子どもへの信頼どころか不信感、心配を募らせて過干渉になっている人が非常に多い。受験が終わって学校に入った後でも、それが続いて口を出しているケースが目立ちます。私自身も娘も私立中学出身ですから一概に悪だと言い切りたくはありませんが、中学受験は間違った方向に捉えると、子どもの「こころの脳」の発達に悪影響を及ぼすような親子関係を築くもとになりかねません。

すでに述べたように、この時期の子どもは思春期に当たります。自分の家庭を作るモチベーションを育みかけているところに、学校の成績や交友関係といった家庭外での出来事に口を出されると、「ああ、僕はまだダメなのか」とやる気をなくして腹痛や頭痛、吐き気などの身体症状を訴えたり、逆にキレて暴力を振るったりということになる。そうした極端な問題に陥《おちい》ってご相談に来られる親御さんがたくさんいます。

繰り返しになりますが、親の仕事は我が子の脳を育てることです。そして脳育てに最も重要なのは、寝ること、起きること、食べること。基本となる生活環境をきちんと整えることが、脳育てに直結します。

知識の投入も脳育てになりますが、そのとき重要なのは、知識と情報を増やすことであって、正論を押しつけることではありません。「出された食事は全部食べなさい」と押しつけるのではなく、「食べ物にはそれぞれ特有の栄養素があり、バランスよく食べることが健康なからだを作る」といった客観的で具体的な情報を伝える。日々の声かけの誤りが、最終的に親子の間の溝を広げ、関係を悪化させてしまうのです。

中学受験をしようと思うと、塾やママ友など、外部からの情報や圧力が大量に流れ込んできます。親子の間にしっかりと信頼関係が築かれていれば、多少の外部圧力には負けることなく、刺激として受け止めながら共同戦線を張れると思うのですが、それがないと、受験をきっかけに親子の思いがバラバラになり、分裂してしまう。そして今、そういうケースがとても多く起きていると感じます。

## †我が子の失敗時こそ、親の正念場

最も大きな問題は、親御さん自身、失敗が許されないと思っていること。親御さんの心のどこかでは「こんなにお金や労力をかけたのに」という悔しさがあるのかもしれませんが、表向きには「こんなに頑張ったのに落ちてしまったら、子どもがトラウマを抱えてしまってかわいそう」と言う。何を言っているんだろう、と思います。

中学受験に失敗しても、人生は終わりません。長い人生、生きていれば誰だって傷つくこと、つらいこと、悩むことはたくさんあります。我が子に教えるべきは、それでも生きていくのだ、ということではないでしょうか。失敗からどう這《は》い上がるか、立ち直るかが、人生の成功の秘訣のはずです。受験で不合格だったら、「失敗力、レジリエンスを培《つちか》う機会が得られた」くらいに考えればいいのです。

すでに述べたように、私も娘が大学受験時、志望校だった医学部に全落ちして浪人することがわかったときには、とても不安になりました。私自身の学生時代は浪人したら怠けるタイプだとわかっていたので、絶対に現役で受かろうと必死で勉強したのですが、娘はのんびりタイプでまったく勉強していなかった。これじゃあ受からないだろうと思っていたら、案の定落ちました。あと1年勉強したからって受からないかもしれない。そう思ったら不安でたまりませんでした。

でも同時に、ここが正念場だな、とも思いました。ここまで育ててきて、十分に信頼に足る大人になってきたとは感じていましたから、本気で考えさせてみよう。それでも医学部を受けるというのならできるかもしれない。そう思ったので、「別に大学に行かなくても構わないし、ましてや医学部の必要なんてない。自分が将来なりたいものになれる道を考えてみたら」と伝えました。

すると娘は3日後、「考えてみたんだけど、好きな絵で食べていけるとは思えない。英語や心理も興味があるけれど、どちらも医者になってからでもできるような気がするから、やっぱり医学部に行きたい。1年間頑張るので、浪人させてください」と言ってきました。そこで、こちらの不安はいっさい伝えず、「医学部にせよ他学部にせよ、大学受験には合格と不合格しかないので、浪人するからには合格点の20～30点上を目指すべし」とだけ言いました。私も人間ですから感情はあります。でもここで私の不安な気持ちを伝えても、何の意味もありません。もう脳が出来上がった年齢の相手だと思えばこそ、ロジックで客観的なアドバイスに徹しました。

その後、娘は1年間、家族の食事づくりを一手に引き受けながら予備校に通って勉強し、医学部に合格しました。予備校の先生からいろいろとノウハウを教わったようで、「現役時代も、塾に行ってプロから情報収集をしておくべきだった」と言っていましたが。私ならとても無理だったでしょう。本当によくやったと思います。この実績を経て、親として娘への信頼は倍増、大学入学後は「頑張ってね」の一言で完全に手を離し、放っておくことができました。楽ですよ。娘のほうも、親に信頼されていると思うからか、一人暮らしをしながら留年せず、卒業することができました。

大学受験でも中学受験でも、子どもが失敗すれば親が不安になるのは当然です。でも、その失敗はその子の伸びしろであり、チャンスなのです。我が子の失敗に直面したときこそ、親の根性の入れどころです。ここからこの子が何を考え、どうやって伸びていくのかに期待し、「頑張って」と応援してほしい。「この子は今から伸びる」「この失敗をバネにして伸びるんだ」と信じてほしい。

そのためには、親自身がちゃんと寝て、食べて、自らが楽しんで日々を送っていることが大切だと、自分の経験からも痛感しました。子どもの受験で不安定になってしまうのは、親御さん自身の心身が不安定だからです。仕事で疲れてイライラしていたり、ちゃんと寝られていないと、つい感情を我が子にぶつけてしまうでしょう。でもよく寝て、よく食べていれば、気持ちが安定して、淡々とロジックだけを伝えることができる。

高齢出産が増えている近年は、子どもの中学受験とお母さんの更年期が重なってしまい、実際、心身の調子が悪いお母さんが多い。大変だなと思います。まずお母さんがゆったりと体を休めて、睡眠、栄養をしっかりとってほしい。相談に来られるお母さんたちには、「まずはあなたの体を大事にして」とお伝えしています。

## †学歴よりも対人力とレジリエンス

どんなに学歴が高い人、業績を上げている人よりも、世の中をうまく渡っていける対人力のある人、そして困難や失敗に直面しても、立ち直って頑張れるというレジリエンスの高い人が、最終的には幸せを手にしている。色々な方を見てきた経験からも、そう感じます。

医学部に進んで医者になったからといって、人生がすべてうまく行くかというと、そんなことはありません。ひとつ言えるのは、医者の社会でもやはり「ありがとう」と「ごめんなさい」をきちんと言える人が成功しているということです。社会においてものを言うのは、やはり対人関係に強い人。私の夫も医師で大学教員ですが、受験などでこれまで何度も失敗を経験しているせいかプライドが高くなく、構えることなく素直に人に「ありがとう」と感謝を伝えられる。それが長所だと思いますし、そのおかげで今までやれているのだと思います。

困ったときに周囲の人に「助けて」と言えるのも、困難に立ち向かえる力です。

「助けて」が言える人は、レジリエンスが高い。自分が万能でないとわかっている、落ち度のある人間だという自覚があるから、「助けて」が言えるわけで、その力をつけるためには、失敗のひとつやふたつ、経験しておく必要があるとも言えます。親が先回りして失敗しないように守ってやってすべてが順風満帆な子どもは万能感を持ってしまい、人に頼ることができない。そうした意味でも、長い眼で見れば、失敗や困難のある人生のほうが豊かなのではないかと思います。

親が「できないこと」「ダメなところ」を子どもに見せておくといいと思います。たとえば男の子なら「ちょっとこのネジ、お母さんには回せないんだけど」と頼み、「やっぱりあなたは力あるね」と伝えてみる。私は親だけど万能じゃない、あなたには私よりできることがある、と見せてやると、子どもは自己肯定感を得るだけでなく、家庭という共同体の中で自分が親を助けなければいけない部分もあるんだな、と感じることができるでしょう。

## †子どもたちのもつ自己解決力

今、学校に通う子どもの8・8パーセントが、教員から見て「気になる子」、発達に問題があると認められる子とされています。でもそれはすなわち、教員から見て自分が授業をやるのに邪魔な子、ということ。とても主観的で、利己的な感じがします。

先生は授業がやりにくくて困ると一方的に思うのではなく、「E君は、今日は授業に参加する気持ちがないようだけど、こういうときどうしたらいいかな」と周囲の子たちに投げかけてみてはどうでしょう。周りの子がみんなで彼を盛り上げる作戦を考えたりするようになれば、その子は「問題児」のレッテルを貼られずに済む可能性が出てくると思うのです。

ある小学校のクラスにちょっと手のかかる子がいました。ランドセル置き場があるのに、いつも机の上にランドセルを置いて、その上に突っ伏して寝ていた。きっと夜遅くまでテレビを見ていて早寝早起きができていないのでしょう。先生はそれを見るたびにイライラして、「カバンを置きに行きなさい」とか「起きなさい」と叱り飛ばしていたそうです。周囲の子たちは、先生のそのヒステリックな声を聞いているのが本当に嫌だった。

そこで、あるときクラスの女の子が、「先生、E君はいくら言っても起きないと思うので、私たちに任せてください」と手を挙げた。それを聞いた先生は、ひとまず問題の子を無視して授業を進めました。その後、休み時間に女の子たちが「E君、もう次は4時間目だから、それが終わったら給食だよ。ランドセルが机の上にあると、給食を置けないよ。そろそろしまいに行こうか」と声をかけると、その子はムクッと起きて机の上を片づけ、みんなと一緒に元気に給食を食べるようになったのだそうです。

先生が子どもたちの言うことを信じて、任せたことによって、先生もイライラせずに済んだし、E君も「学校は楽しい場所だ！」と思えたのではないでしょうか。

先生からすれば、なぜみんなと同じようにランドセルを専用の置き場に置くというルールが守れないのだ、とイライラするのでしょうけれど、別に授業を妨害しているわけじゃないので子どもたちはさほど気にしていないものです。むしろ先生がいつもイライラと怒っていることのほうがよっぽど嫌なのです。

その年齢の子どもたちには損得勘定もなければ、差別意識もありません。まだ「こころの脳」が育ちきっていないその時期に子どもたちを信じて任せておくと、差別や偏見の心を挟むことなく自ら問題を上手に解決していくということが実際にあるのです。

### †利他思考の子どもたちがつくる未来

最近ではワークシェアやワークライフバランスが推奨されていますが、「ありがとう」「ごめんなさい」「おかげさま」が日常的に飛び交う社会なら、自然と実現することができるのではないかと思います。

会社であるプロジェクトを動かすとき、「ごめん、子どものお迎えがあるからもう出なくちゃ」という人がいれば、残りの人が「僕がここやっておくよ」「ここは私がやりましょう」と分担する。一人が全責任を負い、残業しながら立ち向かわなくても、みんなが適当に補完し合う。そこに「ありがとう」「ごめんなさい」があれば、誰もが気持ちよく仕事にあたれるし、プロジェクトも動いていきます。

収入が高いことが偉いという価値観、私だけが得をしたいという発想から脱して、できる人ができるだけの仕事をやり、できない人にも最低限の社会保障が確保されていれば、「働き方改革」を声高に唱えずとも、「ありがとう」「ごめんなさい」「おかげさま」の溢《あふ》れる、誰もが肩肘はらずに暮らせる社会に自然となっていくのではないでしょうか。そうした社会を目指すためにも、子育て世代の大人の意識改革が必要だとつくづく感じます。

私の運営する「子育て科学アクシス」は10年前に立ち上げた小さな組織です。立ち上げのときから開室日は月に17日で、時刻も午後4時まで、在宅ワークを導入するなど工夫しました。働きたい時間数、曜日、内容はスタッフそれぞれ違うので、全員で「ありがとう」「ごめんなさい」の精神で助け合い、バランスをとりながら、苦痛が生じるような働き方を回避してきた結果、同じメンバーで10年続けることができています。これは意外とすごいことかもしれません。ときどき不満は噴出しますが、皆思い詰める前に表に出すので、その都度話し合い、改革する、を繰り返しています。

スタッフに共通しているのは、全員早起きということです。アクシスで働くようになってから、みんな朝が早くなり、朝4時ごろからメールのやり取りがあるほどです。早寝早起きという共通項があるのは、強いです。みんな早く寝なきゃと思っているから、仕事を共同作業で効率よくこなし、さっさと終わらせるのです。たまに行う飲み会も17時スタート、19時終了というありさま。めちゃくちゃ働きやすいです。

おかげでみんな病気もしなくなり、健康になってきました。現在70代の教員経験者スタッフも、アクシスに入って朝早く起き、散歩をするようになったら、人間ドックで何も指摘されなくなった、と驚いていました。

もちろん、世の中には早寝早起きができない夜勤の方もいますから、一概には言えません。ただ、工場が24時間稼働して生産をし続けているとか、コンビニが夜遅くまで開いているというのは、やはり資本主義の行き過ぎという気もします。こんなに物が溢れかえっている必要はないし、テレビは夜中まで映らなくてもいいと思うのです。

一部のやむをえない仕事の方を除いて、夜は基本的に寝るというのが1970年代ごろまでの常識でした。それが経済成長に伴って曖昧になり、夜も稼働する商売が増えてしまった。お金を稼ぐことが重要という価値観が広まってしまったのも、過剰な資本主義の帰結だと思います。自分だけが豊かになろうとする資本主義では、病気や障害で労働力のない人は切り捨てられる方向に向かいますが、医療や介護など、最低限の社会保障がある限り、日々の暮らしに必要なお金は本来そんなに多くありません。人々が価値観を見直し、必要なものを整理すれば、こんなにも物を溢れさせて地球を汚したりせずに済むのではないかと思っています。

金銭的収入を得ることよりも、誰かを笑顔にする幸せこそを真の価値として、10歳までの子どもの脳に入れていく。それこそが、すべての親御さんに家庭で試みてほしいことです。大人になってから同じことを伝えようとしても、根本のところで理解していないと、差別や偏見が無意識のうちに起こってしまいます。こころの脳が育ち始める10歳までは思考がフラットですから、利他主義も抵抗なく受け入れられるのです。

学校教育でも「道徳」の授業が行われていますが、それは電車の中でお年寄りを見たら席を譲りましょう、といったルールを教え込んでいるだけではないかと私は思います。「正しいこと」はその時々で変化します。状況に応じて、今この人のために自分にできる最善のことが嘘をつくことである場合だってありうる。どうすれば目の前の人を最も幸せにできるかを臨機応変に判断する力というのは、道徳教育で培われるものではない気がします。

家庭内でもたとえば、お母さんが食後、食器を下げて洗い、食器棚に戻すというのがいつものルールだけど、「今日はお母さん、とっても疲れたので汚れた食器をそのままにして寝るね」ということだってあるはずです。道徳教育ではそれはルール違反とされ、洗うべきものは洗わなきゃ、となるのでしょうが、お母さんは疲れているんだから、と許容してあげるのが利他の精神です。さらに、「翌朝お母さんが起きたとき汚い食器を見てへこんだらかわいそうだから、僕が洗っちゃおう」と行動に移すことだってできる。そうなったら、本当にすばらしいですよね。

誰に言われることなく、そうした行動がとれること。お礼を期待していたわけではないけれど、結果として相手が「ありがとう」と笑顔を見せてくれる。「ああ、笑顔になってくれて心が温かくなったな」という実感を得る。そうした循環が自然と生まれていくのが家庭ではないでしょうか。

このように「利他」の考えを社会のなかでも実践できる子どもたちがつくる未来は、「自分さえよければそれでいい」というぎすぎすした社会とは対極のものになるのではないかと思います。

終　章

# 中学受験の「成功」「ざんねん」のリアル
## ――［対談］中曽根陽子氏に聞く

【写真右】成田奈緒子

【写真左】中曽根陽子（なかそね・ようこ）

お母さん目線に立つ数少ない教育ジャーナリスト。マザークエスト代表。紙媒体からＷＥＢ連載まで幅広く執筆する傍ら、海外の教育視察も行う。私立学校２００校以上をはじめ20年近く教育の現場を取材し、偏差値主義の教育からクリエイティブな力を育てる探究型の学びへのシフトを提唱。「子育ては人材育成のプロジェクトであり、そのキーマンのお母さんが探究することが必要」とマザークエストを立ち上げた。著書に『1歩先いく中学受験　成功したいなら「失敗力」を育てなさい』（晶文社）、『成功する子は「やりたいこと」を見つけている　子どもの「探究力」の育て方』（青春出版社）などがある。

## †中学受験というレール

**成田奈緒子（以下、成田）**　近年の首都圏では中学受験をめぐる状況が過熱していて、事態は放っておけないところまで進んでいると聞きます。この章では、教育ジャーナリストとして中学受験や私立学校を広く取材されている中曽根陽子さんに、昨今の具体的な実情をお聞かせいただけたらと思っています。

まず、中学受験というのは、親の発案なのか、それとも子どものほうがどうしてもこの学校に行きたいと言って始まるのか、どちらのほうが多いのでしょうか。

**中曽根陽子（以下、中曽根）**　親が先にレールを敷くケースがほとんどですね。それは中学受験の特性でもあります。現在の中学受験業界では、小学3年生の2月から3年間受験勉強をするのが王道です。小学3年でお子さん自身が「私は絶対に私立中学に行きたい」とか「中学受験をしたい」と明確な意思を持つとは考えにくい。親が我が子によい教育環境を与えたい、という思いで選んでいるのです。

一部の地域では、クラスの半分以上の子が中学受験を目指し、塾に行き始めるので、そんなクラスメイトの姿を見て「私も行きたい」と言い出す子もいます。塾に通っている子は当然、学校の勉強も進みます。通っていない子は「自分だけすごく遅れている」と焦りを感じるし、みんなが行っている塾への憧れも募る。親も、勉強したいと言う我が子を止める気にはならず、「勉強するならいいじゃない」と送り出す。そういうケースでは、親も最初から「絶対に中学受験をさせよう」という強い気持ちがあるとは限りません。しかし、一旦塾に通い出せば多くの場合が受験をすることになります。

**成田**　私の運営する「子育て科学アクシス」（以下、アクシス）には、中学受験に失敗した子の親御さんが駆け込んでくるのですが、「誰が受験を勧めたのか」と聞くと、大抵「本人が行きたいって言ったんです」とおっしゃる。それはそういうことなんですね。

**中曽根**　子どもにそう言わせているという面もあるとは思います。子どもが何かを「やりたい」とか「行きたい」と言うときには、親の無意識の願いを投影している場合が多いですから。

**成田**　そうですよね。

**中曽根**　お父さんお母さんから「こんな学校どう？」と、すごく楽しそうな雰囲気で提案されたら……。

**成田**　幼い子どもなら気軽に「行きたい！　受験するー」と言いますね。親はその言質を取って「子どもがやりたいと言った」と解釈する。

**中曽根**　そういうケースがほとんどだと思います。

**成田**　中学受験とは、親子が共に戦うものだ、とよく言われますが。

**中曽根**　そうですね。親子二人三脚で取り組むものだ、と言われますね。私自身、我が子を中学受験させた経験があるので、「戦う」と言われるのもわかります。なんといっても小学生ですからね。子ども自身が一人で向き合う高校受験とは違います。勉強の仕方から生活習慣の整え方、そして塾のスケジュール管理。これらすべてを幼い子どもに任せるのは無理なので、親が寄り添わざるを得ないのです。

「絶対に〇〇中学に入る！」と決意して始める親子というのは本当にごく一部の人たちだということです。ほとんどの親子は、塾選びにしても「せっかくなら合格実績のある大手塾でしょう」と大した考えもなく塾に入れている。ただ、中学受験というのは一度足を踏み入れたら抜けられない沼のようなものだからややこしい。入ったら最後、途中でやめて「うちは公立でいいので受験しません」という決断をするほうが、受験するよりもずっと大きな意思と勇気が要るんですよ。

**成田**　そうそう。塾に入った子の9割が受験すると聞きます。

**中曽根**　地域によっても違いますが、そういう場所もあるようですね。私は小学校低学年の孫がいるのですが、入学早々、同級生の親たちから「中学受験はする？」という話題が出ていると娘が話していました。子どもの半分以上が受験する地域というのもありますが、そういう地域の方は特に、手遅れになってはいけないと、周囲の動向を気にしているみたいです。

**成田**　小1から塾に行く子もいるんですか？

**中曽根**　いますね。さすがに受験用の塾ではなく、学童代わりくらいの軽い気持ちで行かせる人が多いですが、少子化が進む中、塾は早くから子どもを囲い込もうと必死です。親も共働きが多いので、子どもの預け先を探している。小学校併設の学童はただ遊んでいるだけというイメージがあり、それなら習い事や塾に行かせたほうがいい、と考える。

たとえば東京の湾岸エリアなど、高学歴・高収入の世帯が多い高層マンションが林立するような地域では、我が子にはいい教育を与えたいと思う親が多く、「塾難民」という言葉まで生まれています。

**成田**　それは知りませんでした。驚きしかありません……。

**中曽根**　3年生の2月からではもうどこにも入れない、という都市伝説がまことしやかに流れている。それで1、2年生のうちから入れておかなくちゃ、となるようです。ただ、それは非常に地域的な感覚です。そういう地域にいると子どもは塾に入れないと終わり、とすら思えますが、場所を変えればまったく違う世界が広がっているのです。親御さんたちは住む場所、生活環境にかなり翻弄されていると思います。

### 公立中高一貫校の闇

**中曽根**　学習指導要領が変わり、「探究」教育がクローズアップされるようになったことで、塾でも、単なる知識詰め込みから、子ども自らが創造的に考える力をつける探究型の学びを提供する塾も出てきています。学校ではできないことをいろいろやらせてくれるので、新しい教育に関心がある層には人気です。

中学受験の入試問題も、知識よりも考える力、思考力を問うものが多くなっています。そうした問題に取り組むこと自体はいいことだと思います。問題は受験勉強への取り組ませ方です。幼い時期から競争の中に置かれることで、子どもはものすごく消耗してしまう。結果、成田さんのもとに相談に駆け込むことになってしまうわけで。

**成田**　アクシスにご相談に来られるのは、競争にこぼれた子ばかりです。最近では、公立の中高一貫校で疲れ果てた子も来るようになりました。いったいどんな入試をしているのでしょう。

**中曽根**　入試自体は、教科を横断した合教科型の学びによるものです。公立の中高一貫校ができ始めたことで、中学受験の裾野はさらに広がったと感じます。私立と比べて誰でも受験しやすいのですが、それゆえとりあえず受けてみようと気軽な感覚の受験者も多く、倍率は7倍、8倍と非常に高くなる。入試も私立と違って、普段からニユースに関心を持つとか、読書や作文の習慣があるといったところを見るのですが、そうするとやはりそうした入試に特化した塾が登場してくる。結局、塾で専門の訓練を受けた子が入学してくる。

**成田**　なるほど。それではいたちごっこですね。近隣にも、近年新設された公立の中高一貫校があるのですが、アクシスに来る子には、そこで落ちこぼれた子がめちゃくちゃ多いんです。とにかく課題の量が膨大らしくて。必死でやっても夜中までかかるような課題が毎日出される。それをこなすことに疲れ果てて、心身にトラブルが出ている子がいるのです。

**中曽根**　公立の場合、先生はみんな公務員ですからね。大学進学率や合格実績を出さないと、成果として認めてもらえないのでしょう。もしかしたら、私立よりも公立一貫校のほうが、先生たちに「成果」が求められ、競争させられているのかもしれません。受験に合格してようやく入学しても、次なる受験に向けてより厳しい競争に晒《さら》される。

**成田**　そうなんです。「全然寝られない」と言っていて、かわいそうです。

**中曽根**　子どもは「中学に入れば楽しいことがいろいろあるから」と言われて一生懸命頑張ったのだろうし、無事入学できた暁《あかつき》にはホッとしたい気持ちもあるでしょう。それなのに、入学早々から「次は大学だ」と尻を叩かれ続ける。それではきついし、長続きしませんよね。

中学受験の世界には相変わらず、そうした闇がありますね。中高一貫校の中には、すごく先進的ですばらしい教育をしている学校もたくさんあるけれど、そういう学校に入るには、進学塾に入って入試を突破するための勉強をこなさなくてはいけない。そこには大きな矛盾とジレンマがあるのです。

### †偏差値という偏見

**成田**　中学受験の中心は、入試の一本勝負。点数を取るためには、相応の塾に通う必要がある、と言われていますね。子どもを早くから競争社会に飛び込ませることについては、どうお考えですか。

**中曽根**　昨今では中学受験の世界にも変化というか、多様性の波が訪れています。我が子に中学受験をさせようという親の中にも、いろいろな考え方の層が出てきているのです。ひとつは、自分たちがそうだったように、とにかくよい中学に入れて、よい高校、よい大学、よい会社というエリートコースを歩ませたい、という層です。

二つ目は、公教育への不信感から私立教育を望む層。高校受験の仕組みに問題を感じ、それを避けるために中学受験を選ぶ方もいます。最近は、こちらの方が多いかもしれません。つまり、大学進学実績のよい学校に入れたいというよりは、よりよい教育環境を我が子に与えたいと考えて、中高一貫校を選ぶのです。でも……。

**成田**　でも?

**中曽根**　「やっぱり偏差値50より下はないでしょう」といった矛盾した線引きをしている。そういう親の多くは、自分たちが高学歴で大企業に勤めているなど、いわば高い学力で成功してきた人たちです。その自負があるから、我が子を偏差値50より下でそれほど名の知られていない学校に行かせるために、わざわざ大金を払って受験させるなんて、と思ってしまう。偏差値による序列の沼から抜け出せないことが、子どもの幸せを邪魔しているんですよね。

偏差値だけでは見えない学校の特徴

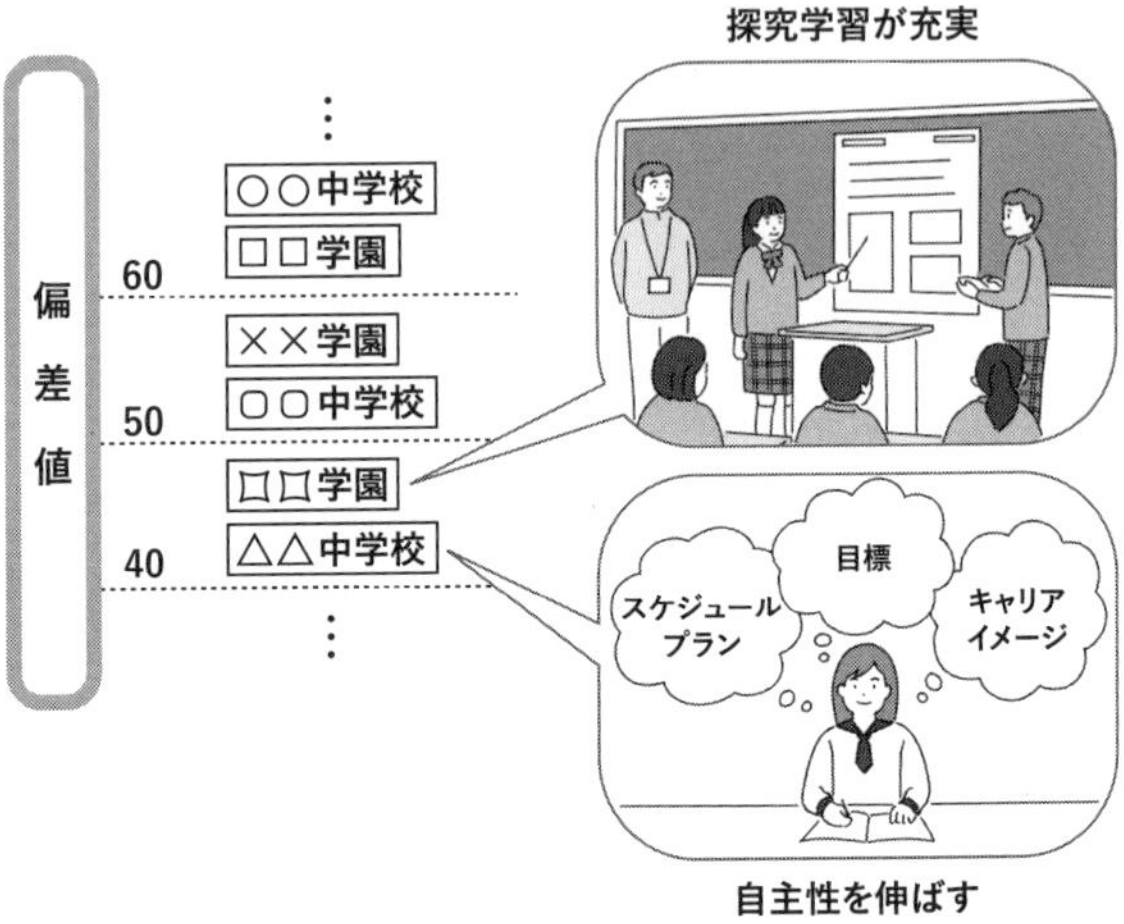


もちろん彼らも、最初から我が子を競争させたいと思っているわけではありません。好きなことを見つけて、自分らしく生きてほしいと願っているし、その助けになる教育を与えたいと思って私立を受験させるわけですが。

**成田**　それはそうですよね。

**中曽根**　ただし、そのとき通過することになる塾は熾烈な競争の場なので、どうしても競争や数値化に晒されてしまう。点数でクラス分けされるし、クラス内でも点数で席順が決まる。あの環境に居続ければ、誰だって数値が気になるようになります。順位やテストの点数に一喜一憂するマインドが刷り込まれていき、いつの間にか受験産業に取り込まれていくのです。

**成田**　親御さんとしては、「これだけお金をかけたのに」と、費用対効果を求めてヒートアップしてしまうのでしょう。そこが悩ましいですよね。

私は、小学生の過酷な受験状況には大反対です。能力はそれぞれ違うし、小学生の段階では、過酷でもゴールに向かって頑張れるようなところまで脳が発達していない子のほうが多い。むしろ、そのときのその子のレベルに合った学校、うちの子はここなら絶対に幸せになれるという校風の学校を選んで、過酷ではない形の受験で入れてあげるのが、本人の伸びしろを確保する上で最善なのではないでしょうか。わざわざ過酷な道を選ぶ必要がどこにあるんだろう、と。

**中曽根**　同感です。そもそも、小学校卒業時点での子どもは、成長の途中段階にあります。何も決まっていないし、将来いくらでも化ける可能性がある。でも中学受験でうまくいかなかったと捉えてしまう子は、「自分はこの程度なんだ」と自己否定の方向に考えてしまう場合も出てきます。超難関校の併願校といわれる学校の先生たちは、そういった子どもたちの心を立て直すのにものすごく苦労されているそうです。超難関校に落ちて入ってきた子たちは自己肯定感がだだ下がりしてしまっているから……。最後まで立て直せないケースも多いのだとか。

**成田**　中学生は一番大切な「こころの脳」（34頁など第2章参照）が育つ年代なのに、本当にもったいないですね。

**†親が勝手にどん底に……**

**中曽根**　知人に、まさにそういう位置づけの学校に通っている息子さんがいるのですが、高校生になって大学受験に向けた勉強がうまくいかないそうです。「中学受験のとき、塾でいろいろやらせすぎちゃったかな」と親御さんが言っていました。

**成田**　実例があるのですね。

**中曽根**　その親御さん自身、有名国立大学を出て、外資系のトップ企業でバリバリ働いてきた人だから、学歴も仕事も自ら闘って獲得してきたという自負があるんですね。我が子については「どうしてもこの大学に入れなきゃ」というわけではないけれど、親自身が勉強してきているから、なぜこの子はできないんだろう、と悶々《もんもん》としてしまう。

**成田**　今は、お父さんが入れ込むケースが多いようですね。

**中曽根**　そうなんです。一昔前は、お母さんが必死でお父さんは無関心というのが一般的でしたが、今はお父さんも必死になって加わってくるので、子どもは家庭でも息が抜けない。しかもお父さんは、タスクをこなして成果を求める仕事モードで挑んでくるから大変です。

**成田**　それで子どもが追い詰められているケースによく出会います。毎晩夜中12時までお父さんがつきっきりで机に向かっていて、げっそりした顔をしてやってきた小3の女の子がいます。別のお父さんも、毎日問題を作って小6の我が子にやらせているって。

**中曽根**　まるで仕事ですよね。ご自分が受験するわけでもないのに。

**成田**　そこまでやるんだ、とびっくりしました。

**中曽根**　中学受験の算数って、大人が解くにも難解で意外に面白かったりするので、お父さんでハマる人は多いようです。

**成田**　わかります。うちの子も中学受験経験者です。通える距離で校風も合っていたので選んだ学校ですが、塾に行っていなかったので、入試前の2週間は私とつきっきりで過去問に取り組んだんです。教えていると楽しくなってきましたよ。2週間だったからよかったけれど、2年前からやっていたら、私も「もっとたくさん解かせなければ」とエスカレートして、子どもを追い詰めていただろうな、と感じました。

**中曽根**　我が子が頑張っていれば、やっぱり合格させてあげたい。そのためにはここで頑張らないと、と心を鬼にしている親も多いから責められないのですが、やっぱりちょっと行き過ぎだとも思う。学校選びは、多様な視点で行ってほしいです。

私は教育ジャーナリストとしていろいろな学校を取材させていただくようになってから、自分の子どもが受験生だった当時は知らなかったよい学校がたくさんあることに気づきました。こんないい学校にこの偏差値で入れるのか、と思うような学校が実はたくさんあるんですよ。

**成田**　確かにありますね。過酷にならずに受験できる、ちょうどいい受験が実現するといいのですが。私自身が私立中学出身で、私立ならではの良さを知っていますから。

**中曽根** 中学入学はゴールではありません。その子自身がいかに楽しく伸び伸びと学校生活が送れるかが重要なのに、せっかく入った学校をやめてしまうとか、行けなくなってしまう子も多いと聞きます。

**成田** アクシスに来るのは、優秀な学校に頑張って入って、でも入学後に競争に晒され続けて、疲れてしまった子ばかりです。中曽根さんがご著書で書かれていた「失敗力」もとても大事だと思います。受験は、たとえ不合格でも人生のマイナスにはなりません。でも親御さんがどん底に突き落とされたと感じて、「中学受験に失敗しちゃって……」と涙声で相談に来られるケースが多いのです。

**中曽根** 我が子の受験がうまくいかなくて落ち込んだり引きずったりするのは、ほとんどが親です。子どもはすぐに前を向くのですが。

**成田** 本人が楽しいと思える環境であれば、たとえ志望順位が低くて入った学校でも全然問題ないと思います。子どもは受験勉強を頑張ってその学校に合格したのだから、まずは「よかったね。入れたこの学校で楽しくやろう。ここまで頑張ったことは絶対にこれからに活《い》きるよ」と応援してあげればいい。親御さんが「あなたは失敗しちゃったから」と思ってしまっては、子どもがかわいそうです。

**中曽根**　その価値観は、親が作っているんですよね。だいたい、社会に出たら「あなたは偏差値70の学校出たんですね、すごい」とは誰も言いませんからね。それなのに、親だけがずっと引きずって、我が子に「ダメな私」という価値観を刷り込んでいく。

**成田**　まさに。アクシスにやってくる子たちは、みんなそれですよ。落ち込んでいるのは親御さん、子どもたちは割と平気です。

**中曽根**　その子らしさや、子どものできている部分を最大限生かしてあげられるような育て方こそが大事ですよね。

**成田**　私立校が謳《うた》う大学合格者数に引きずられて選ぶのも考えものです。例えば一学年に250人いたとして、東大合格者が7人だった場合、東大に行くには上位7人に入る必要があるということ。その学校に入れば必ず東大に合格できるわけではないのです。

**中曽根**　優秀な学校の下位層になるのも、これはこれで結構大変ですから。

**成田**　東大に10人入る学校に行ったら、絶対に東大に合格できる気になっている親御さんがとても多くて驚きます。

**中曽根**　いろいろと熱心な割には何も見ていない親御さん、多いですよ。

## †煽る塾、煽られる親

**成田**　中学受験における成功とは、偏差値の高い学校に合格すること、という価値観から親は脱する必要があるように思います。最終的な「成功」は、社会に出てからわかることであって、どの中学に行ったかで決まるわけではないし、ましてや偏差値で決まるわけでは決してありません。

**中曽根**　おっしゃる通りです。どんな環境であろうと、そこを自らよい場所にしていくことが大事なのではないでしょうか。どんなに「ここはすごくいい場所だ」と思って入っても、実際には嫌な目にあうこと、苦手な人に出会うことはあるわけです。社会に出ても同じです。まずは社会に出たとき、自分で自分の幸せを作っていける人間になるための場所を選んでほしい。中学受験の価値は、受験を通して親子で成長することにあるのですから。

**成田**　その年齢の脳の発達段階に応じたチャレンジをさせてやることですよね。やはり発達段階によってできること、できないことがあるし、個人差もあります。

**中曽根**　そこを見ることがすごく大事です。

**成田**　塾の先生が親御さんに、「夏休みは1日10時間勉強させてください」と言っているのを実際に聞いたことがあるのですが、それは脳の発達を科学的に学んでいる私に言わせれば、しないほうがいいことです。親御さん自身が主体的に我が子を観察し、その子に合った勉強時間や勉強方法を考えるべきで、塾に通うことが受験のすべてではないと私は思います。

**中曽根**　主人公は子どもであり、親御さんですからね。学校を選ぶのも受験するのも自分たちなんだ、という自覚がないと、どうしても塾の言いなりになってしまう。

昔の話ではありますが、私は我が子の受験準備中、こんなことがありました。通わせていた塾の授業が毎回延長して、最終バスに間に合わないのです。定時で終われば最終に乗れるのに、延長するから車で迎えに行かなくてはならない。塾に「定時で終えて帰らせていただけませんか」と願い出たら、「そんなことを言う親は初めてだ」と怪訝《けげん》がられました。

**成田**　煽《あお》りますね……。小学生の帰宅が夜10時だなんて、そのほうがおかしいです。しかも、塾としては、帰宅後また復習をしてほしいわけでしょう?

**中曽根**　そうそう。私は成田さんのお話も聞いていたから、遅くまで塾に入り浸らなくたって大丈夫、と周りの方たちにも伝えています。

**成田**　その通りです。夜遅く眠い目をこすりながら勉強するより、朝早く起きてすっきりした頭で短時間やるほうが、効率はずっといいですからね。

それに、子ども自身が、朝勉強すると効率がいいんだ、と体感し、納得することも成功のひとつです。誰かに言われるまま、疲弊しながらがむしゃらに勉強して合格した子の場合、入ってから自分で学習習慣を組み立てられないことが多い。有名私立中学の3年生が、いまだに中間試験の勉強スケジュールをお母さんに作ってもらっていると聞いて、驚いたことがありました。「それはおかしいですよ」とお母さんに伝えたら、「中学受験のときから私が全部やっていたんです。私がいなければできないんです」と、怒って言い返されましたが。

**中曽根**　親御さん自身が、できなくしているのでは……。

**成田**　どうやら、中学入学後最初の中間試験の順位で下位層に入ってしまい、お母さんがショックを受けたようなのです。そこで小学生時代のように、エクセルシートに勉強スケジュールをびっしり書き込んでその通りやらせたら、順位が上がった。「だからこの方法が一番いいんです！」と。

確かに中学受験までは、親がある程度併走する必要があるでしょう。でも中学に入ってからも手取り足取りやってしまっては、子どもの脳の発達を阻害しかねません。

**中曽根**　そうやって自ら我が子を自立できない引きこもり生活に誘導してしまう。私がかつて話を聞いた有名大学の大学院生も、親の束縛をずっと引きずっていましたよ。中学受験で第一志望に受からなかったことへの引け目が大きくて、ものすごく頑張って最終的に有名大学には入ったものの、「親との間にできた溝は今も埋められません」と言っていました。大学院にまで進んだけれど、それは単なるリベンジであって、研究にワクワクしているわけではまったくないという……。

**成田**　中学受験の失敗に不満を抱いていた親御さんへのリベンジですね。

**中曽根**　ずっとそのために勉強していたから、リベンジを果たした途端、先が見えなくなって迷っているそうです。ちっとも幸せそうではありませんでした。

**成田**　中学受験で親子関係まで壊してしまうなんて、不幸ですよね。

**中曽根**　その親御さんだって、そうしたかったわけではないと思うんですよ。

**成田**　いい学校に入ればいい大学、いい会社に入れて一生安泰、そう願っていたのでしょうね。でもそういう時代はとっくに終わっています。

**中曽根**　終わっていることはわかっているはずなのに、古い価値観を捨てられない親御さんが多いですね。

### †受験と脳の発達段階の関係

**中曽根**　その一方で、「うちの子にはやりたいことがないんです」と相談されることが最近増えてきて、また新たな症候群が生まれつつある気がしています。小学生で「やりたいこと」や「私はこれが好き」はない子のほうが多いと思うのですが。

**成田**　確かに「やりたいことがない」と答える小学生は本当に多い。でもそれは親への忖度《そんたく》だったりするんです。親御さんに聞かれたらきっと怒られる、嫌がられるだろうなと思って、あえて言わないようにしている小賢しい子もいます。もっと無邪気に「ケーキ屋さん！」とか「宇宙飛行士！」と言えばいいのに、たまに口を開く子がいたかと思うと、「手堅い国家公務員かな」みたいな（笑）。親に気を使いすぎている子が多いと感じます。昔は「ウルトラマンになりたい」と言う子もいたものですが。

**中曽根**　本当にそうですね。中学受験にしても、過熱しているのは都会のごく限られた一部でのことなのに、それが世界のすべてであるかのように思ってしまう親御さんのいかに多いことか。この学校に受からなければ、この子は一生ダメだ、と思ってしまう風潮をどうにか変えたいのですが。

先ほど、中学受験人口の中心は、我が子に合う学校に入れたいという層だとお話ししましたが、首都圏ではプレゼン型やワークショップ型など、子どもの得意分野を生かす新しいタイプの「得意入試」を行う学校も出てきています。小学5、6年から準備を始めても無理なく入れるので、そうした学校を選ぶという手もあります。ダメなら高校受験で頑張ればいいか、くらいのモードでいられるといいですよね。

**成田**　私は、中学受験に塾はいらない、塾に行かなくても入れる学校に入ればいい、と考えています。受験の時にその子の脳の段階と、その学校の入試問題のレベルが合致したなら入ればいいけれど、知識だけを無理やり詰め込んで、その子自身のレベルより高いところに引っ張り上げるというのは、発達途上にある子どもにとって、あまりよいことではありません。

中学受験と大学受験は違います。大学の場合は、多少難しくても、行きたい大学を定めて合格に向かって自分で努力し、周囲と切磋琢磨《せっさたくま》するのが効果的です。でも中学受験はやはり親主導になるし、幼い時期に無理やり伸ばそうとするのは不適切。親子関係に亀裂が生じるリスクさえあります。

子どもの探究心が一番伸びるのは、中高時代です。私立の学校には、私立ならではの珍しい部活動があったり、校外学習も工夫を凝らしたりしています。中学生以降、自分の好きなことを見つけて没頭し、勉強以外の力を伸ばしていく環境が整っている。エクストラの活動に力を割けるのは、私立の強みかもしれません。

**中曽根**　ご家庭の経済力に余裕があるなら、校風や独自の教育方針、理念に惹《ひ》かれて私立を選ぶのはいいと思いますね。

親子ともに行きたい中学が見つかれば、そこに向かって努力すること自体は悪いことではないと思います。自分なりに工夫してできるようになれば、自己肯定感が高まりますし、自立にもつながっていく。親にとっても、我が子の受験というのは、自らのそれまでの子育てを総ざらいするような感じがあるんです。自分のことを冷静に振り返り、子育てを見直せる。その意味で中学受験をすること自体は無駄ではないし、親子ともに一緒に頑張ったという経験にもなると思います。

**成田**　その際重要なのが、自分に合う、相性のよい学校かどうかを見極めること。ある程度敷かれたレールに乗るほうがいいという子もいれば、自由にいろいろできるほうがいいという子もいる。受験段階で見極めるのはなかなか難しい作業ですが、丁寧に見ていけば感じるものはあるはず。偏差値を気にするのは、その次、入れそうかどうかを見るのに使う程度で十分です。

†不安産業化する中学受験

**成田**　今、小4から塾に行っている小6の子のお母さんが相談にいらしているのですが、話を聞くだけでこちらが疲れてしまうほど、お母さんが必死なんです。

**中曽根**　6年生はいよいよ本番前ですね。

**成田**　学校で同じ塾に通っている同級生から、「お前はどうせYクラスのくせに」といじめられるというんです。びっくりしました。小学生が「お前は塾のクラスが俺より下だから」と蔑《さげす》まれるなんて。

**中曽根**　大人社会の価値観がそのまま子どもに刷り込まれている証拠ですね。子どもはもともと「偏差値」なんて知らなかったのに、塾に入れることでわざわざその序列を刷り込んでいく。それも受験業界の悪しき点ですね。

**成田**　そしてそのいじめられていた子自身、模試でちょっといい点を取ると、「でも、おまえ何点だろう。俺は何点だ」と、いじめていた子に逆マウンティングを取るようになってしまったらしくて。お母さんは、自分の点数を他人に言うものじゃないとたしなめつつ、「そんなことしているから、嫌われちゃってクラスに居場所がないんです、うちの子」と悩んでいて。聞いているだけでしんどくなります。親も一緒になって傷ついてしまい、お母さんの中では「この冬の受験でそのいじめっ子を見返してやるんだ」となっていた。

**中曽根**　まるで代理戦争ですね。しんどいなあ。

**成田**　中学受験で親子が成長するどころか、落とし合っている。しかもその始まりを親御さんが作っている。だからこそ、親御さんには受験との正しい向き合い方をお伝えしたい。

**中曽根**　脳の発達上、小学生の時期にタブーなことってあるんですか。

**成田**　私のところには日々受験トラブルを抱えた親子がやってくるのですが、中でも多いのが、不安から身体症状が出てしまった子です。模試や塾のクラス分けテスト前になると、お腹が痛くなって下痢が止まらないとか。母親が子ども部屋を掃除しようと入ると、異様な量の髪の毛が落ちているとか。噛みすぎて爪がなくなってしまった子とか……。

夜遅くまで勉強するから睡眠不足だし、太陽の光を浴びず、体を動かさない。これではハッピーホルモンであるセロトニン神経がうまく働きません。そして塾に行けば、先生から「こうしないと成績はもっと下がる」とプレッシャーをかけられる。身体面と心理面、ダブルのネガティブキャンペーンに常に晒されているのです。

**中曽根**　確かに受験産業＝不安を煽って追い込んでいく不安産業ですからね。

**成田**　私の聞く限り、追い詰められている子が圧倒的に多いです。それに加えて、先ほどから話が出ている親御さんによる言語外のプレッシャーがかかる。偏差値や判定の意味がわかるようになると、それもまたプレッシャーになる。

不安に陥りやすいのは、真面目な子です。親御さんや先生から「頑張れ」と言われると、真面目なので「もっと勉強しなきゃ、頑張らなきゃ」と頑張るけれど、それで成績が伸びないと余計にストレスを抱えてしまう。

**中曽根**　悪循環ですね。

**成田**　気がつくと、円形脱毛症になっているとか、パニック障害やチックを発症する子、おねしょが始まってしまう子もいます。

**中曽根**　最近、起立性障害の子も増えていますよね。

**成田**　起立性障害は自律神経の失調症なので、ストレスも関係しますし、睡眠不足も大きいですね。偏差値の高い学校に入ったものの、不登校になってしまったという子のほとんどは、朝起きられなくなります。

**中曽根**　せっかく志望した学校に入れても、そうなってしまっては意味がありませんね。

## †自分で考える力を養っているか

**成田**　ある親御さんは、息子に地元の私立中学を受験させようと小3から塾に入れていたのですが、本人が「中学に入ってまでお母さんに縛られるのが嫌だ」と、県外にある全寮制の中高一貫校を自分で探してきました。学力の高い子だったので、難なく合格し、今、すごく楽しんで通っているそうです。

**中曽根**　いいですね。よく見つけてきましたね。

**成田**　特性のあるお子さんで、小学校のクラスメイトや先生としばしばトラブルになり、それを心配したお母さんが色々世話を焼いていたのですが、本人は「偏差値よりも、お母さんから離れられる学校に行きたい」と。

**中曽根**　自分でちゃんと選んで、親にもはっきり言えるってすごいですね。

**成田**　入学後、親御さんが一度見に行ったら、見違えるほどしっかりしていてびっくりしたそうです。

**中曽根**　あまり広報しないから知られていないけれど、特色あるいい学校ってたくさんあるんですよ。塾や外部メディアの情報だと、どの大学に何人入ったとか、現役の大学合格率何パーセントといった一律の数字で評価されてしまうので、埋もれるのかもしれませんが。

先ほどの県外の学校に進まれたお子さんの親御さんは、我が子が生き生きしている姿を見て、納得されたのでしょうか。

**成田**　ようやくですね。最初、親御さんは、せっかく家から通える距離に難関校があって、そこに入れる学力もあるのに、なぜ？　という我が子に対する気持ちが拭《ぬぐ》えず、相談に来られたんです。私は「いや、それでいいじゃない。自分で決められるなんて、めちゃくちゃいい子ですよ」とずっと言っていたんですが……。

**中曽根**　入学後の子どもの姿を見て、ようやく納得されたのですね。子ども自身がしっかりした自分軸を持っていて、それを幸せな形で貫けたレアケースですね。

**成田**　脳科学の理論上は、小学校6年生ならそれくらいの考えを持つ程度に前頭葉が発達していておかしくないのですが、めったにいません。

**中曽根**　親が我が子を手放したくないから、自己主張させないように仕向けているという面もあるのでしょう。親は我が子には近くにいてほしいものです。子どもの世話を焼くという私の生きがいを奪わないで、となってしまう。我が子を自分の作品のように捉えているから、中学生になっても勉強のスケジュールを立ててやってしまう。でも、もはや何が起こるかわからない時代です。これからを生き抜くには絶対に自分軸が必要ですよね。

**成田**　そうなんですよ。時代は変わっている。

**中曽根**　大学受験にしても、今や6割が総合型選抜枠です。11月にはほぼ受験は終わっている。

**成田**　8、9、10月で勝負は決まっちゃうんですよね。医学部でも、青田買いが進んで推薦入試枠が拡大しています。

**中曽根**　つまり「私はこういうことがやりたくて、この大学のこの学部に行きたいのだ」とはっきり表明できることが求められる時代ということですよね。「偏差値が高いから受けたい」と言って入れるわけじゃない。中学・高校の段階から自分は何が好きで、どんなことをやりたいかがわかっている子のほうが有利なのです。

**成田**　その通りです。

**中曽根**　脳の使い方としても、自分の特性を伸ばしたほうがいいに決まっていますよね。誰もが同じことをできるわけじゃないのですから、私は私のできることで生きていくと言えたら、幸せではないでしょうか。そう考えると、小さなときから自分で考える力を養うことは本当に大事ですよね。

## †受験で折れるか、入学後に折れるか

**成田**　そう思いますね。多くの塾が推奨する中学受験勉強で私が違和感を覚えるのが、

国語・算数・理科・社会の全教科を満遍なく伸ばそうとしていることです。偏差値は各教科満遍なく引き上げなきゃいけないとされていると聞きます。人間はそれぞれ個性が違うのに、すべてをできるようにする必要があるのか、と疑問に思います。もちろんある程度はできなければ入試は突破できませんが、苦手な科目を得意な科目でカバーして、総合点を稼ぐのが当たり前なのではないかと。苦手なことを必死でやらされると、子どもの中に「勉強って嫌だな」「嫌いだな」という意識が育ってしまいます。

**中曽根**　最近では入試科目の設定の仕方も多様化していますから、得意教科をしっかり伸ばすという戦略も立てられますよ。

**成田**　模試結果がレーダーチャート化され、苦手な部分がへこんで出てきたりしますが、あれもすごく過酷なことを伝えているなと思います。

**中曽根**　あれを見ると、自分はここがこんなにできていないのか、と焦りますよね。この足りない部分を上げるにはどうしたらいいか、と先生に相談すると、「じゃあ、これをやりましょう」と課題がプラスされる。そうしてどんどん睡眠時間が削られていくんです。

**成田**　睡眠時間も削られるし、勉強が嫌いになります。せっかく伸びようとしている子どもの意欲を逆に削いでしまっている気がしてならないのですが。

**中曽根**　本当にそうだと思います。やる気のあった子をみすみすダメにしていっている。私の著書『成功する子は「やりたいこと」を見つけている　子どもの「探究力」の育て方』でも指摘したことですが、これからは教育熱心な家庭の子どもほど伸び悩むということにもなりかねません。本当にもったいないことです。

中学受験をする子どもは少数派なので、偏差値が50の子でも、高校受験の偏差値に換算すれば60程度はあると考えていい。つまり、中学受験を志す段階で、能力的には上位層にいるはずなのです。そういう子が、難関校に入った後、その中で成績が下位層になると、自己否定に陥ってしまう。公立中学に行った上位層の子のほうが自己肯定感はずっと高い。その子にとって、どちらがいいのか、考えてしまいますよね。

中高一貫校の下位層から上がれないことを指して「深海魚」なんていう呼び方もされているみたい。

**成田**　「鶏口となるも牛後となるなかれ」ですね。そういうケース、難関校に入った子にすごく多いですよ。

ある難関校に入った男の子も、赤点の連続で落第寸前まで行ってしまい、アクシスに駆け込んできました。すごく素直な子なんです。「親は関係ない、自分で先生と交渉しなさい」と伝えたら、先生に「僕、この高校を卒業したい。落第したくありません」と訴えに行った。先生も理解して進級させてくれたそうです。こういうのは私立のいいところだな、と思います。よい先生が大勢いる。

いい学校でしたが、やはり本人は苦しかったようです。小学校では上位層だったし、親御さんも熱心に塾に通わせて、入学直後はよかったのですが、だんだん成績が落ち、最下層になった頃から心が折れてしまって。もういいやという心境になっていたのですが、なんとか持ち直せてよかったです。

偏差値高めの学校で最下層になってしまい、心が折れる子はかなり多いです。その結果、身体症状や攻撃性が現れてしまい、親御さんのほうが「もうこの子、ダメ」と我が子を受け入れられなくなってしまう。親御さんは正論として「学校に行きなさい」と本人に言ってしまいますが、それに対して、子どもが猛烈に抵抗を示す。

**中曽根**　でもそれってつまりは、中学校に入るまではずっと枠の中に入れようと親がコントロールしてきたということですよね。

**成田**　すごいですよね。塾と二人三脚で親御さんが子どもをコントロールし続けるって。

**中曽根**　上位層にいなくても、自分なりに考えることができる子は、最後は本人がやりたいことや行きたい進路を見つけて、そこに向かって取り組むと思うんです。自分自身が必要だと思うことはやるし、その目標達成のために大学進学が必要なら勉強もする。たとえ大学に行かなくても、我が子が選んだ道を応援してあげればいい、それだけのことなのですが。

**成田**　逆に言うと、そういう自分軸をしっかり持っている子は、学校内で最下層にいてもまったく心が折れていない。相談を受けにくる子の中にも、自分はこの学校では最下層でいいから、卒業に響かない程度に適当に授業に出ている、という子もいます。

**中曽根**　自分の意思でやっているんですね。

**成田**　そう。親御さんはすごく心配しているのですが、私は「しっかり考えていてとても立派じゃない」と伝えています。

**中曽根**　親御さんとしては、葛藤があるでしょうけどね。そうやって反発できる子はまだいいのです。小学校時代まではそれなりに親のコントロール下に収まっていた子が、思春期になると徐々に歪みが出てきて、それでも続けていると、どうにもならなくなっていくケースをよく見るので。

**成田**　適切な時期に反発できなかった子は、大人になってこじらせ、犯罪を起こしてしまったりする。凶悪犯罪とは言わずとも、鬱屈してきたものが成人期になってバーンと弾けて、反社会的な行動に出てしまった人を何人も見てきました。思春期に家庭内で多少の暴言や暴力が出ているほうが、ましです。出させておいたほうがいいくらい。

**中曽根**　不登校にしても、学校に行かないという行動に出られたことを褒めたいくらいです。ギリギリのところで我慢している子も大勢いるのだと思います。社会構造や世の中の動きと教育現場には今、大きなギャップがある。そのせいで誰もが葛藤を抱えています。世の中の価値観がこれだけ変化している中、中学受験を取りまく課題も複雑化しています。親も、どこか違うとは思っているけれど、自分がやってきたことや価値観を捨てきれない。世代間のギャップが顕著に出ているのかもしれません。
今の乳幼児の親御さんたちが、今後どんな選択をしていくかわかりませんが、また新たな課題が出てくる可能性もありますね。

## †完全なユートピアはあり得ない

**成田**　とにかく価値観が多様化しているので、一律に考えるのは難しいですよね。

**中曽根**　だから、親はあまり思いつめず、波を適当に乗りこなしていくくらいの意識でいるべきなのではないかと思います。その子に合う学校を選ぶことも大事ですが、100パーセント最適な学校を選べるわけでもない。すべてがいいなんてことはあり得ないので、入ったところで何となく乗り越えていくというか、適当にこなしつつ自分のやりたいこともやる、といったゆるさ、ある意味での人間力が必要というか。

**成田**　そうなんです。友達100人つくらなくてもいいけど。

**中曽根**　人とうまくやっていける能力、社会性を持つことは必要ですよね。

**成田**　それこそ親が育ててやれることですよね。何かやってもらったら「ありがとう」、迷惑かけたら「ごめんなさい」を言えること。その力は家庭生活の中でこそつけてやれる。一方で、きっとこの子に合うと思って入れた中学でも、実際には違ったということはあり得る。入ってみないと決してわからないことですから。

**中曽根**　どんなにいい学校に入れても、そこは必ずしもユートピアとは限らない。相性の悪い先生と出会うこと、隣の席に苦手な子が座ること、些細なことで仲間外れになってしまうことはありますからね。

**成田**　そうしたストレスを抱えて帰ってくる子どもを、親御さんがしっかり受け止めてあげて、子どもが安心し、自信を持って進んでいけるような家庭にすることが非常に重要です。家庭が安全基地になっているということ。

大人の職場でも、上司や同僚全員と気持ちが通じ合うわけじゃない。「あのやろう」と思うような人がいる中で、何とかやっていける力こそ、社会人のもっとも重要なスキルだと思います。

## †どこの学校に通うかよりも大事なこと

**成田**　中学受験用の学習塾の費用というのは、どのくらい高いんですか。

**中曽根**　私立中高一貫校の年換算した学費とほぼ同じ、3年間で300万円くらいかかります。最初はそんなに高くないんですよ。それが学年が上がると、日曜特訓や志望校別クラスなどのオプションがついてきて、上がっていく。さらに、塾の勉強についていくための個別指導塾や家庭教師をつける家庭もあり、そうなるとさらにかかります。

ただ、私立に入れれば、結局そのくらいの額を6年間払い続けることになります。リーマンショック後には、学費を納め続けられず、せっかく入った私立校をやめる子もいました。私立中学をやめても公立に行けばいいと思うかもしれませんが、地元だと「あの子、受験したはずなのに、いるわよ」という感じになる。それに、私立高校からの転校というのはかなり難しい。

**成田**　受験の準備段階で、塾には入れたけれど、お金もかかるし頑張るのは無理だからと、やめて公立に転向するのもありですよね。

**中曽根**　もちろん、ありだと思います。公立中高一貫校を1校だけ受けて、ダメだったら地元の公立にというスタンスの方もいますし。逆に親は公立でいいと思っていたけれど、周りに受験する子が多くて、会話についていけないから受験したいと子どもが言い出して、6年生の段階で通信教材だけで勉強し始めたというケースも。その子の場合は、結局1校に受かったけれど、本人は「やっぱり俺は高校受験をする」と言って、そこには行かず、公立を選択したんです。ここまで勉強したけど間に合わなかった、という感触が残っていたのでしょう。そこから勉強意欲に火がついたのです。そうやって自分で目標を定めて自分が行きたい学校を目指すのはいいと思います。

やはり重要なのは、子ども自身が毎日気持ちよく「いってきます」と行けるような中学・高校生活を送らせてやること。やりたいことができたとき、その道に進めるよう後押ししたり、見守ったりするのが親のやるべきことです。親が自身の人生観や「こうなってほしい」という願望を押しつけすぎると、そうしたプレッシャーに晒され続けた子どもは、心身に異常をきたしてしまうか、大人の顔色を窺《うかが》って自分の気持ちを押し殺すようになってしまいます。この状況をまずは変えたいですね。

**成田**　学校がすべてではありません。学校で頑張れとか、もっと先生に好かれるようにしなさい、というのはもうやめて、「あなたは、あなた」と我が子を受け止め、家庭にしっかりと居場所を築いてあげることが今必要だと思いますね。

　学校がつらければ、休めばいい。うちの子も小学生の頃、学校に行きたくない時期があって、私は「いいよ、今日は休みなさい」と言って私の職場に連れて行っていました。

**中曽根**　それは大事ですね。

**成田**　世の中ってそういうものだよ、休みたいときは休んでいいよ、と教えられる機会だと思います。

**中曽根**　やりたいことは自分でもできると伝えることは大事ですし、好きなことがあれば第三の場所を持てばいいですよね。中学受験に関しても、それで人生が決まる訳ではないですし、良い学校に行けば全てバラ色なんていうこともありません。どんな結果であろうとも、それを自分にとってよい経験にしていくことが大切ではないでしようか。

**成田**　その通りです。

ちくま新書
1796

# 中学受験《ちゅうがくじゅけん》の落《お》とし穴《あな》
## ——受験《じゅけん》する前《まえ》に知《し》っておきたいこと

二〇二四年六月一〇日　第一刷発行

著　者　成田奈緒子（なりた・なおこ）
発行者　喜入冬子
発行所　株式会社　筑摩書房
東京都台東区蔵前二-五-三　郵便番号一一一-八七五五
電話番号〇三-五六八七-二六〇一（代表）
装幀者　間村俊一
印刷・製本　三松堂印刷　株式会社

ISBN978-4-480-07628-1 C0237

## ちくま新書

1180
家庭という学校
外山滋比古
親こそ最高の教師である。子供が誰でも持つ天才的能力をつなぎとめるには、親が家庭で上手に教育するしかない。誇りを持って、愛情をこめて子を導く教育術の真髄。

1104
知的生活習慣
外山滋比古
日常のちょっとした工夫を習慣化すれば、誰でも日々向上できるし、人生もやり直せる。『思考の整理学』の著者が齢九十を越えて到達した、知的生活の極意を集大成。

1226
「母と子」という病
高橋和巳
人間に最も大きな心理的影響を及ぼす存在は「母」であり、誰もが逃れられない。母を三つのタイプに分け、それぞれの子との愛着関係と、そこに潜む病を分析する。

1699
親は選べないが人生は選べる
高橋和巳
どんな人も、生まれる環境や親は選べないが、そこから自分の人生を自由に選ぶことはできる。カウンセリング経験豊かな精神科医が「親との別れ方」を指南する。

1422
教育格差
——階層・地域・学歴
松岡亮二
親の学歴や居住地域など「生まれ」によって、子どもの学歴・未来は大きく変わる。本書は、就学前から高校まで教育格差を緻密に検証し、採るべき対策を提案する。

1784
使える！ 予習と復習の勉強法
——自主学習の心理学
篠ケ谷圭太
予習と復習ってなにをやればいいの？ そんな疑問に答えるべく、効果的な勉強法や苦手科目での最低限のメソッドなどを伝授します。授業の理解度が変わるはず。

1787
「頭がいい」とはどういうことか
——脳科学から考える
毛内拡
カギは「脳の持久力」にあった！ 思い通りに体を動かす、アートを作り出す、感じる、人の気持ちがわかるなど、AI時代に求められる「真の頭の良さ」を考える。